名师名校名校长

凝聚名师共识
回应名师关怀
打造名师品牌
培育名师群体

　　　　张民远题

广东省基础教育学科教研基地成果

向阳而生
追光前行

庄楚金 / 主编

人民文学出版社　天天出版社

图书在版编目（CIP）数据

向阳而生　追光前行 / 庄楚金主编. — 北京：天天
出版社，2023.12
ISBN 978-7-5016-2225-2

Ⅰ.①向… Ⅱ.①庄… Ⅲ.①中学地理课—教学研究
—初中 Ⅳ.①G633.552

中国国家版本馆CIP数据核字（2023）第256409号

责任编辑：刘　馨　　　　　　　　　**美术编辑：曲　蒙**
责任印制：康远超　张　璞

出版发行：天天出版社有限责任公司
地　址：北京市东城区东中街42号　　　　邮编：100027
市场部：010-64169902　　　　　　传真：010-64169902
网　址：http://www.tiantianpublishing.com
邮　箱：tiantiancbs@163.com

印刷：北京政采印刷服务有限公司　　经销：全国新华书店等
开本：710×1000　1/16　　　　　　印张：14.125
版次：2023年12月北京第1版　　印次：2023年12月第1次印刷
字数：207千字

书号：978-7-5016-2225-2　　　　　　定价：58.00元

前　言

　　《向阳而生　追光前行》一书的内容主要是庄楚金老师对自己二十年教育生涯的回望、地理教育教学实践的总结，还包括省级学科教研基地建设的经验和开展教研活动的实际案例。本书的论文部分由庄楚金老师撰写，共收录了庄老师地理教育教学教研理论与实践的论文30篇，每一篇都融入了庄老师对教育教学的思考。

　　《向阳而生　追光前行》书名的由来：一方面庄老师主持的广东省基础教育初中地理学科教研基地是第一批省级教研基地之一，恰逢新时代新课程标准实施，努力实现从0到1的突破，故取"向阳而生"；另一方面"追光前行"，追寻信念之光、热情之光、初心之光及向上的韧性力量！

一、用地理眼光看世界

　　《从时空综合视角培养学生区域认知能力》《用地理时空观看〈白蛇传奇〉》《透过地理视角看〈乡土中国〉》……通过这些篇目引导师生从生活、生产、学术情境中提出地理问题，解决地理问题。

二、用学科思维解决问题

　　《基于新课标的初中地理教学目标设计方略》《中学地理情境教学法的运用》《比较法在中学地理教学中的运用》《巧借案例教学培养学生地理学科素养》……通过这些篇目引导教师用地理学科思维培育学生学科核心素养。

三、用基地赋能教师专业成长

作为广东省第一批基础教育学科教研基地，庄老师带领他的团队创新教研，赋能教师，努力在多个方面实现从0到1的突破，创新"3345"四维教师培养模式，提出初中地理高效课堂教学策略。

由于成书时间仓促，本书收录的成果或许浅显，或许粗糙，但无不凝聚着庄老师二十多年教育生涯的教育实践经验和日以继夜的思考。

目 录

上篇 学思践悟行致远

思悟，夯实教师专业素养 ……… 2

向阳而生，追光前行 …………………… 2

无我之境，有我之境 …………………… 8

教育感动，感动教育 …………………… 13

秋日暖阳，问道襄阳 …………………… 16

聚焦"核心素养"的"冷思考" ………… 19

反向而行的教育智慧 …………………… 25

从时空综合视角培养学生区域认知能力 ……… 30

用地理时空观看《白蛇传奇》 ………… 37

透过地理视角看《乡土中国》 ………… 39

立足学科核心素养，走出教学误区 …… 42

区分尺度，把握差异 …………………… 47

践行，赋能教师深度提升 ……… 52

基于新课标的初中地理教学目标设计方略 ……… 52

中学地理情境教学法的运用 …………… 58

比较法在中学地理教学中的运用 ……… 67

巧借案例教学培养学生地理学科素养 ················ 71

从2018年全国高考Ⅰ卷试题看地理备考策略··········· 79

研读地理试题，探讨教学策略 ···················· 83

从高考地理题谈获取和解读地理信息 ················ 91

透过全国高考Ⅰ卷看地理学科核心素养的培养 ········· 97

谈获取和解读地理信息能力培养的基本途径 ··········· 105

潮州市潮安区江东镇溪东种养专业合作社生态旅游观光农业

研学设计 ································· 112

下篇 聚力基地促发展

基地建设，深化实践教学改革················· 122

创新教研，赋能教师 ························· 122

努力实现更多从0到1的突破 ···················· 129

创新"3345"四维培养模式 ···················· 132

基地研修促进教师专业成长 ···················· 137

初中地理高效课堂教学策略研究 ················· 143

乘势而上 起而行之 ························· 148

省初中地理（潮州）教研基地举行中期汇报会 ········ 150

共享共研，区域教师携手成长················· 153

初心不改，携手同行 ························· 153

智慧课堂展风采，教研交流促成长 ··············· 156

"强师德，铸师魂"主题研修活动 ··············· 157

莞潮涌动，扬帆远航 ·················· 159

区域联盟共教研，齐心协力共成长 ·········· 162

研而有道，众行致远 ·················· 164

线上线下同步教研，提升教师专业发展水平 ····· 166

双减背景下的初中地理高效课堂教学展示 ······· 170

省初中地理学科教研基地举行"云端教研"活动 ···· 173

广东省基础教育学科（潮州市小学语文、初中地理）教研基地

　研修活动圆满落幕 ·················· 174

丰富活动，助力教育共提升················ 177

基地学校展优课，送教下乡促交流 ·········· 177

潮州市教育研究与教师发展中心开展初中优课送教下乡活动 ··· 182

我市省级初中地理学科教研基地参加"走进粤东西北（茂名）

　教研帮扶活动" ·················· 183

2021年粤东基础教育地理学科群"名师工作坊"活动··········· 185

教育路上　学习不止 ·················· 188

聚焦情境教学　助力能力提升 ············· 192

聚焦新课标，赋能共成长 ··············· 193

不负韶华更思进取，基地研训启思践行 ········ 196

讲座引领——推行"教学评一致"新理念 ······· 200

同课异构——践行"教学评一致"新理念 ······· 201

教研沙龙——乐享基地发展新样态 ·········· 203

入情入境重设问，入理入心靠逻辑 ·········· 204

一境到底重逻辑，情境教学助备考 ·········· 206

研学赋能乡村振兴 ·················· 207

成果展示，凸显基地示范引领…………………………………… 211

  我市选手参加第五届广东省中学地理教师命题比赛获得一等奖… 211

  我市教师在广东省研学旅行金牌指导师能力大赛中取得佳绩 … 213

  我市代表队参加2023年广东省中学地理研学实践成果交流展示

    活动中获得佳绩 …………………………………………… 215

上 篇

学思践悟

行致远

向阳而生，追光前行

风起岭南，潮涌粤东。向阳而生，追光前行。

为贯彻落实党中央、国务院及省委、省政府关于全面深化新时代教师队伍建设改革和教育教学改革有关部署要求，落实立德树人根本任务，充分发挥教研工作对保障基础教育质量的重要支撑作用，推动我市初中地理学科建设，潮州市教育研究与教师发展中心初中地理学科教研员积极申报广东省基础教育初中地理学科教研基地，并于2021年获得省级立项。

项目自2021年8月立项以来，通过不断创新教研方式，推动潮州市初中地理教师专业发展。积极开展创建新课堂教学活动，以科研兴学科，以科研兴教育，促进高品位初中地理特色学科创建，推动高素质教师队伍发展，使我市初中地理教育教学教研工作迈上了一个新的台阶。学科教研基地立足一线教学，注重深度研究，发现问题、指导实践、解决问题，总结经验、分享经验，提高教师的专业素养，打造高素质教师队伍，提高全市初中地理的教育教学水平。

一、初中地理学科教研基地项目建设背景

1. 基础教育高质量发展的必然选择

2019年11月《教育部关于加强和改进新时代基础教育教研工作的意见》明确了各级教研机构的职责要求，强调教研机构要重心下移，紧密联系教育教学一线实际开展研究，教研机构应充分发挥在推进区域课程教学改革、课程教学资源建设、培育推广优秀教学成果等方面的重要作用。2020年5月广东省教育厅下发《关于建立健全新时代基础教育教研体系的实施意见》粤教教研〔2020〕1号，指出"用3～5年时间，理顺教研管理体制，完善教研工作体系，焕发教研机构生机活力，打造高素质教研队伍，创新教研机制，落实教研任务，强化教研保障，提高教研水平，建成富有广东特色、国内领先、上下联动、横向贯通的新时代教研体系"。为贯彻落实国家和省有关精神，潮州市教育局高度重视，把学科教研基地建设列入潮州教学教研改革和教育人才提升工作任务清单。潮州市教育研究与教师发展中心积极响应，主动与省相关部门机构建立密切合作关系，依托省教研院等部门机构，开展对学校、教师教学质量的诊断、研判、指导，努力推动学科教研基地建设，引领教育教学高质量发展。

2. 地理学科教师专业成长的实际需要

省级地理学科教研基地承担着为我省初中地理教学发展先行先试的重任，是省市区域、基地学校、教师个人专业成长三个层面发展的实际需要，是广大初中地理教师专业化发展和提升的重要途径与阵地，是促进区域学科发展的平台与保障。加快推进区域学科基地建设，构建区域学科研究共同体是课改的期待，是教育的必然。从区域层面，首批初中地理学科教研基地建设实践成果，不仅为潮州其他学科教研基地提供研究范式，同时为全省各地学科教研基地建设提供参考模型。从基地学校层面，我们选择潮州市高级实验学校、湘桥区城西中学、湘桥区城基中学等九所学校作为基地学校，这些学校初中地理学科教研组建设还比较

上篇　学思践悟行致远

滞后，校本教研的力量仍然不足，但在整个潮州市来讲，还算比较好。基于此，我们通过省级地理学科教研基地开展"1+n"区域联片教研活动，以"基地+基地学校""基地学校+联合学校"提升教研群体的教研水平和区域初中地理教学水平。从教师层面，目前潮州市初中地理教师存在较严重的结构性缺编问题，不少地理教师都不是地理专业，而是由其他学科教师兼任或转任。这一情况在枫溪区、潮安区、饶平县是非常普遍的。这些地理教师非常需要有专业的引领和学科教研团队的支撑，而省级学科教研基地为教师的专业成长提供了一个绝佳的学习机会和发展平台。

3. 落实立德树人根本任务的必由之路

在课堂教学层面，初中地理教师课堂教学理念仍比较传统和陈旧，教学创新意识还不够强，教学仍以知识立意为主。在深入课堂听课和调研中，我们发现教学存在三大误区：一是存在教"教材"的现象，把教材中的每一句教好了就行；二是存在背"知识"的现象，教师要求学生背课本知识条目，而学生只知道知识，却不懂学科思维；三是存在教学与生活相脱节的现象，学生的学习难以做到学以致用。而且这些现象不是个别教师的问题，而是全市一个面上的问题。在这种情况下，如何更新教育教学理念，转变教师教学方式，使课堂教学从"知识"转向"素养"，从"学科教学"转向"学科育人"，最终落实立德树人根本任务，这是摆在我们面前必须解决的实际问题。我们试以初中地理学科教研基地为依托，寻找学科素养落地的模式引导初中地理学科教学回归本真教育，提升我市初中地理教师课堂教学水平，促进教师专业化发展，最终落实立德树人根本任务。

二、学科教研基地建设的"抓点"

1. 立足点在"课"

初中地理学科教研基地建设的立足点在提升课堂教学质量，打造高效地理课堂。基地通过深入全市各县区学校调研和听课，结合潮州市本地区的初中地理课堂教学实际，开展基于核心素养的课堂研究，探索适合本地区的课堂教学模式和教研模式。2021年潮州市初中地理青年教师教学观摩课比赛历时两个多月，学科教研基地将观摩课比赛作为教师实践、反思、共同提高的过程，并以此成为探究信息技术与初中地理学科有机整合、探索"高效地理课堂"教学模式的教学行动研究过程。活动为青年教师搭建了一个展示能力、寻找差距、谋求提升的平台，通过这个平台使各参赛团体和参赛教师在课程开发与课堂创新方面都得到提升。随后，基地又通过送教下乡活动，将优质教学资源，优秀的教学课例和学科讲座送到潮安区、饶平县、湘桥区教学相对落后的地区，有效促进了落后地区初中地理学科教学水平的进一步提升。

2. 着力点在"领"

学科教研基地的目标之一是在带好一门学科的基础上带出一批优秀教师。初中地理教师队伍是一支情感、态度、价值观各异、专业水平参差不齐，个体差异较大的复杂群体。基地建设的任务就是必须下沉到学校，走近教师，了解教师，做到心中有数，分层次、有针对性地培训指导教师，引领不同类型的教师获得不同的发展目标和成长途径。因此学科教研基地的着力点在于"领"。

（1）重心下移，发挥市级教研员在基地建设中的引领作用

市级教研员负责对全市初中地理学科教研基地统筹和设计，为市级学科中心组及基地学校初中地理教研工作提供指导和资源整合。同时各县区教研员、各基地学校也设立了工作小组和项目规划组，负责学校初中地理学科教研的组织、管理，进行统筹规划。并以此为中心向全市各初中学校教研组、课题组辐射，形成有效的督导与管理机制。

（2）健全机制，发挥基地学校在学科教研中的辐射作用

探索基地学校初中地理课堂教学质量提升策略，以基地学校为样板，开展相关研究，引领辐射市内其他学校课堂教学变革，带动全市初中地理教育教学高质量发展。全市共有九所基地学校，负责各所初中地理校本教研工作的组织和实施，制定各项具体措施，并对工作中的各个

环节进行检查督导和研究总结。为保证把基地学校教研工作真正落到实处，各基地学校先后制订了《基地学校初中地理学科三年发展规划》《学员三年成长规划》《每学期学员成长规划》等，并积极加以落实，做到了过程性评价与终结性评价的有机结合，有效地调动了教师参与的积极性和学习的主动性。

（3）凸显骨干，推动学科中心组教师在基地教研中的带动作用

选用思想觉悟较高，教学能力、组织能力较强的市、县级骨干教师组成市级初中地理学科中心组，让他们成为基地教研活动的先锋，组织各项常规教研活动，如理论学习、钻研教材、集体备课、评价交流、专题研讨等。以初中地理学科中心组为主体，组成基地教研活动"示范者"队伍，带头学习、发言、上示范课，使教研活动能够规范有序地进行，使教研组成为学习型的基层团体。

3. 提升点在"训"

基地专业研训是促进教师专业发展的有效方法和途径。基地以教师专业发展为目标，以新课程理念为支撑，以解决教学实际问题为中心，以分层培训为亮点，及时地对教师进行教育教学研究上的理论培训和专业教学实践指导，有效促进教师专业水平的提升。

（1）思想引领，更新理念

根据基地学校及教师专业化发展的需要，先后组织全体教师进行了师德教育、教材培训、教科研培训、现代化教学技术培训及新课程理念下的课堂教学研究培训等，使教师在观念上能够做到与时俱进。

（2）区域联动，提升素养

为进一步开阔教师教学视野，推进学科教研基地的建设，我们通过举办区域联动教研活动，提升教师专业水平。2021年11月，教研基地联合韩山师范学院地理科学与旅游管理学院举办粤东基础教育地理学科群"名师工作坊"活动。活动不仅为粤东地区地理学科教师们搭建了面对面相互交流、相互学习的平台，同时也为我校地理学科的教育教学指明了教学方向，更新了教学理念，创新了教学方法，进一步推动了基地学

校教学质量的提升。同年12月，教研基地联合东莞市中小学教师发展中心、韩山师范学院广东省中小学教师发展中心开展"莞潮涌动，扬帆远航"主题研修活动。

（3）线上线下，开展培训

在基地建设中，教师的困难之一是专业理论匮乏。为此，我们定期邀请各地专家来基地学校为学员做专题讲座，以提高全体教师的专业理论素养。同时也通过线上培训，提升教师的专业水平。2022年9月，组织各基地成员线上观看、学习东北师范大学召开的第一届全球基础教育论坛；线上参加广东省基础教育教研基地项目在腾讯会议平台开展第一次学术研讨活动；12月，各基地学校教师参加第五届粤东基础教育信息化论坛线上学习；参加2021年广东省基础教育教研员公共课线上培训活动。第二年1月，参加广东省教育研究院主办的"南方教研大讲堂"第二十七场《研学转变教学方式，实践赋能"双减"落地》线上学习。创新培训方式，"线上线下"同步发力，使研学训一体化，进一步提升教师培训的针对性和有效性，做到学用贯通、知行合一，实现教师培训高质量。

初中地理学科教研基地创造了研学训三位一体的基地式教师培训模式，破解了当前我市初中地理教师教研方式单一、大部分学校缺少专业教师、不少学校没有地理学科教研组等难题，从区域统筹发展机制、基地学校发展机制、课堂教学创新机制三方面支撑教研机制创新，激活初中地理教师教学教研活力，构建"上下联通，左右互联，资源共享"的联片教研新格局，极大调动了教师自主学习的积极性。同时，充分发挥了优秀教师在构建教师专业成长共同体中的示范引领和辐射作用，通过经验推广和应用，做到了优质培训资源共享，建构了全市教师专业成长的多维立体平台。

上篇　学思践悟行致远

无我之境，有我之境

一支粉笔两袖清风，三尺讲台四季耕耘。

却顾所来径，苍苍横翠微。回首二十多年教育生涯，总有讲不完的教育故事，道不尽的教学感悟，诉不完的情感体验。细细体味，这一路走来，从"初为人师"到"成为经师"，是从"无我之境"走进"有我之境"；这一路走来，从"教师之路"到"教研员之路"，又从"有我之境"走进"无我之境"；这一路走来，始终不忘教育初心，牢记为国育人，为党育才使命。

一、感悟"无我之境"与"有我之境"

"无我之境"与"有我之境"之说是借用王国维先生的《人间词话》中的妙句。每每翻读王老先生的《人间词话》，总有不同的收获，其中"泪眼问花花不语，乱红飞过秋千去"，此有我之境也；"采菊东篱下，悠然见南山"，此无我之境也。有我之境，以我观物，故物皆著我之色彩。无我之境，以物观物，故不知何者为我，何者为物。古今之成大事业、大学问者，必经过三种之境界："昨夜西风凋碧树。独上高楼，望尽天涯路。"此第一境界也。"衣带渐宽终不悔，为伊消得人憔悴。"此第二境界也。"众里寻他千百度，蓦然回首，那人却在，灯火阑珊处。"此第三境界也。

此三种境界与宋代禅宗大师青原行思提出参禅的三重境界有异曲同工之妙。参禅的三重境界：参禅之初，看山是山，看水是水；禅有悟时，看山不是山，看水不是水；禅中彻悟，看山仍然山，看水仍然是水。初为人师，未能得法，看山是山，看水是水；成为经师，得心应手，看山不是山，看水不是水；既为人师，道法自然，看山仍然山，看水仍然是水。

二、教学之路，从"无我之境"走进"有我之境"

第一境界："昨夜西风凋碧树。独上高楼，望尽天涯路。"我从大学毕业走上了中学讲台，从熟悉的大学学生生活到陌生的中学教育教学工作，刚毕业由于工资低，经验少，资历浅，容易感到四顾茫然，却又茫然四顾。一个人来到一个陌生的环境，周围没有一个熟悉的人，走在学校四百米的跑道上，发现自己什么都没有，靠的是自己的努力，前路迷茫，不知路在何方。学校里的每一个教职工都比我先到这所学校，都比我有经验，都比我有资历。在这种迷茫中，我走过了一年又一年。"昨夜西风凋碧树。独上高楼，望尽天涯路。"这话讲得非常恰当。教学第三个年头，我担任了高三年级地理学科备课组长、教研组长，高三班主任，上了高三年级全年级13个班全部地理课，每周最多达到33节课。每天6点起床，7点到校，从早读开始，连上8节课，第9节晚练跟班，晚练后13个班轮流辅导，7点半夜修开始，10点半检查宿舍。每天"两个7点"现象成为我们最为津津乐道的良好学风和校风，"我们的学生最早出现在公路上，最晚出现在公路上"。一个年级1000多名学生，一次作业就有1000多名学生的作业，一次考试就有1000多份试卷。我们的优良传统是做学生的"学科秘书"，每周为学生编写两张"一课一提纲"，每周命题一份试卷、一份练习。作为备课组长、教研组长，每两周开设一节全校性的公开课，课时这么多，还能坚持每周听两节课。同时还承担了市一级学校评估公开课，市级课题结题全市公开课。"已是悬崖百丈冰，犹有花枝俏。"在繁忙与奋进的工作中，这一年收获满满。我所教学的13个班平均分突破了重点中学平均分，我所带领的班级大幅度超额完成学校下达的目标和任务。参加全市中学青年教师教学观摩课比赛获得市一等奖，我发表了个人的第一篇论文《上好乡土地理》，我成为全市高考备考中心组的成员。这一段路，繁杂而又充满挑战的工作中，望尽天涯路。

第二境界："衣带渐宽终不悔，为伊消得人憔悴。"三年到五年的时间，我与学生共同成长，与学校一起发展，也慢慢爱上自己的职业，在成长中慢慢地进入"有我之境"。跟着自己的学生从高二升到了高三，跟着学校从区一级学校到市一级学校、省一级学校、国家示范性高中。这一段时间最大的收获就是：当地理班的生源跌到谷底，我依然没有放弃过任何一个学生。我任职的学校是一所普通高中，学生的入学成绩300多分，400多分，就是这样的学生，我也能教出全市第1名的高考成绩。2007年我的学生陈妙洁获全市地理单科第一名，138分，全省第75名。2009年学生杨鹏桦以总分652分名列广东省选考地理五科总分第二名，地理班学生邱伊霖、陆梓敏、杨鹏桦、郑宇妹包揽全市地理单科前四名。其中邱伊霖、陆梓敏、杨鹏桦地理单科进入广东省前100名，邱伊霖名列广东省高考地理单科第40名，陆梓敏名列广东省高考地理单科第49名。我特别重视帮助学生建立自信心。我坚信希望不在于大小，不要轻言放弃。我常常利用身边事教育身边的人，利用好每一个教育契机，讲好三个故事：讲学生破茧成蝶的励志故事，讲老师风雨兼程的敬业故事，讲教学精益求精的敬业故事。连续12年高三年级教学，每一年总有一些让我们感动不已的学生。曾经有一名学生中考200多分，最后通过三年的努力，考上了广东工业大学；曾经有一名某重点中学物理科复读生转读地理科，成为我的学生，最终也考上了广东外语外贸大学。后进生是一个相对概念，后进生大有潜力，学生逆袭之路又成为我教育高三学生的活的校本教材。连续14年我都在高三年级不间断地教学，让寒假与暑假相连，放假一天是多么珍贵的事，然而"衣带渐宽终不悔"。结婚的日子，我放了一天的假，结婚的前一天晚上，我上班到19时才回到家。老婆生小孩的当天晚上，赶上我们学校正在做教学水平评估资料，苏老师当天晚上把评估资料送到医院，我们一起在医院的走廊做资料。就在这种"有我之境"中，自我得到了专业成长。

第三境界："众里寻他千百度，蓦然回首，那人却在，灯火阑珊处。"十年一晃而过，当我们还在追寻教育的真谛时，原来教育就在我们身边。从前还在唱《长大后，我就成了你》，十年后我的学生也当老师了，在听我的学生讲课时，我能隐隐看到自己的教学风格的一些"影子"。在我的学生课堂里，我听到"希望不在于大小，不要轻言放弃"，当年我跟学生所讲的励志故事，现在由我的学生讲给他的学生听。偶然，在闹市中看到一间花森林的花店，店主是我的学生。这花店与我当年的讲课内容云南花卉产业密切相关。再无言语比这一句形容得恰当，"众里寻他千百度，蓦然回首，那人却在，灯火阑珊处"。

从大学校门到中学校门，从初为人师到成为经师，二十多年教学生涯，年复一年的高三励志冲刺，从"无我之境"到"有我之境"，教育是通过成就他人而成就自己，蓦然回首，已是不惑之年。

三、教研员之路，从"有我之境"回归"无我之境"

二十年弹指一挥间，从地理教师到地理学科教研员，在时光流转，角色转变中，又从"有我之境"渐渐地走入"无我之境"。工作第十四个年头，因为工作调动，我成为市地理学科教研员。教研员的角色转换，让我体会至深：担任学科教研员后，我变成一个"站在教师背后的人"，真正体会到"燃烧自己，照亮别人"，"甘为人梯"此话不假。哪里需要我们，我们就在哪里出现。教师参加省级比赛，我会全程进行跟踪指导；教师撰写论文，我会多次帮忙修改；教师立项课题，我会指导顶层设计；教师专业成长，我会引导理念先行。当教师获奖，他们收获的是荣誉与光环，而我收获的是喜悦与幸福，这就是从"有我之境"渐渐回到"无我之境"。

2021年第五届广东省中学地理教师命题比赛暨地理学业质量评价教学研讨活动在佛山顺德区举行。我带领的团队参加了命题比赛。经过激烈的角逐，我们代表队的老师们凭借优质的试题、精彩的答辩，最终在全省35支代表队中脱颖而出，荣获全省高中组一等奖。台上一分钟，台下十年功。作为地理学科教研员，从组队到专业指导，历时一个多月。开展多次现场研讨、线上研讨,大量查阅学术论文、地理杂志等寻找命题素材,组织交流,不断地对试题进行打磨。力求做到:试题素材新颖;命题依据充分;设问严谨科学;答案准确全面。数易其稿,最后提交了一份高质量原创试题。当我们精心培养的选手站在领奖台上领奖时,我深深体会到从前我也曾经站在领奖台上,而今日我成为"站在教师背后的人"。

2021年12月10日至12日,由广东省教育学会研学旅行教育专业委员会主办的广东省研学旅行金牌指导师能力大赛在佛山市南海区听音湖实验中学举行。我市湘桥区城西中学由丁桂君、吴奕玲、苏静婉老师组成的参赛队荣获省初中组一等奖。作为地理教研员,早在比赛前一个月就召集各参赛队伍进行赛前培训,分享优质研学课程设计案例,探讨课程设计方案,使得参赛团队对于课程设置的完整性和亮点的把握有比较清晰的认知。每次培训,教研员承担的任务,我归结为三个方面:方向的专业引领,问题的解决处方,过程的教研帮扶。每一个方面都务必做到科学求真,每一个方面都务必做到细致入微,每一个方面都务必做到重心下移。

伟大的教育家陶行知先生有一句名言:捧着一颗心来,不带半根草去。以赤诚之心、奉献之心、仁爱之心投身事业,这是教育者应有的初心。洗尽铅华始见金,褪去浮华归本真。

教学之路,从"无我之境"走进"有我之境",在奋进中感悟成长;而教研员之路,从"有我之境"回归"无我之境",在奉献中感悟幸福。

教育感动，感动教育

涉足教坛，春去秋来已有二十几载，寒来暑往，不觉已送走了一批又一批高三毕业生。多年以来，我对自己粉笔生涯有着清醒而充分的认识：教育的感动，感动的教育。用心去捕捉生命的灵性，便能领悟教育的真谛。怀有一颗善感的心灵，聆听花开的声音，才能享受到教育的乐趣。做一个教育的有心人，感动就在身边，感动于小草破土而出，感动于夏日的一缕清风，感动于学生的努力，感动于学生的进步，感动于师生的真诚，感动于同学间互帮互助。

教育工作年复一年，日复一日。教育的感动，每天都在发生。每年教师节，总能收到几十条学生发给我的祝福短信。其中这条学生发给我的祝福短信让我感动不已。

"尊敬的老师：您好，教师节快乐！谢谢您一直鼓励和帮助我读完了高三，顺利完成了学业；更谢谢您跟我谈了那么多人生道理。我要告诉您一个好消息：我在一家电子公司做业务经理，我们准备资助一些上不了大学的贫困学生。学生小珊。"

陈小珊（化名）是我好多年前的高三地理班的学生。记得当年高三年级第一学期开学初，小珊跟我说："老师，我现在成绩很差，全年级600多名，明年不知道能不能毕业，还要高考吗？即便高考考上了，以后就业就好吗？我不想读了。"于是我先稳住她的情绪。与她谈一些社会与生活感受。我从希望不在于大小谈到高三地理班历年都是成绩差的学生报考却年年捷报频传；从人的潜力是无限的谈到我自己的读书经历；从当前社会的就业形势谈未来社会的发展；从学历与能力谈到的创业与学历的关系。还组织一场信心教育的主题班会。最后小珊同学终于改变了主意，决定读完这一年高三再说。

然而，事情并没有结束。过了一个月，小珊同学又向我提出了第二次退学申请，由于她的父亲最近下岗了，交不起学费。为了帮助小珊同学完成学业，我帮她交了学费。小珊同学含着眼泪跟我说了声："谢谢您，老师！"尽我所能帮助需要帮助的学生，享受帮助别人带来的那一份喜悦是无法用言语表达的。这些有声和无声的教育，着实让我的学生感动，这一份感动时时鞭策着她前行。高三期末考小珊同学已大有进步。

按照学校的惯例，高三寒假组织班主任对班里的部分学生进行家访。我特地选择到小珊同学家家访。记得家访那一天天寒地冻，既刮风又下雨，出门前做好全身的装束，雨衣、雨靴、棉衣等防雨防寒的装束全都用上了，然而泥泞的乡间小路还是让我全身沾满了泥污，衣服也淋湿了。一路颠簸到达小珊同学的村口，眼前这一幕，却让我终生难忘。小珊同学一家四人，撑着雨伞站在斜风细雨中，等待我的到来。那一刻，我被这一家人的真情深深地感动了。小珊同学的父亲紧紧握住我的手说："感谢您，老师！这样的寒冷天气来家访，我们全家人都很感动。"寒风细雨让我感受到丝丝的暖意。家访中小珊同学很激动地向我表示了努力学习的决心。那天的家访比上几节班会课，效果还要好得多。

第二学期如期而至，小珊同学比以前更加努力了。早读前，晚练后，总能看到她埋头苦读的身影，夜修后她总是挑灯夜读。而她的成绩也在不断地进步。6月5日最后一节班会课，为了稳定学生的情绪，鼓舞士气，我特地安排了全班同学一起唱一首《超越梦想》的歌曲：

当圣火第一次点燃是希望在跟随

当终点已不再永久是心灵在体会

不在乎等待几多轮回

不在乎欢笑伴着泪水

超越梦想一起飞

你我需要真心面对

让生命回味这一刻

让岁月铭记这一回

超越梦想一起飞

你我需要真心面对

让生命回味这一刻

让岁月铭记这一回

歌声中小珊同学激动不已，一副整装待发的样子让我彻底放心了。最后的高考，她的分数过了本科线。高考放榜那一天，听到她的成绩，我太激动了。教育让我成功地转化了一名学习后进的学生，我为自己感动。

回顾来时路，苍苍曾翠微。当年我跟她谈了那么多人生道理，究竟起了多大作用，我不敢妄下定论。但是资助贫困学生的举措让我万分欣慰，教育确实发挥了应有的作用，真情在传递，爱在社会中涌动，我为教育感动，为我的学生感动。

小珊同学只是众多学生的一个缩影，教育的感动，感动的教育每天都在瓷都中学的校园里发生和演绎。后进生是一个相对概念，后进生大有潜力，小珊同学的典例又成为我教育高三学生的活的校本教材。做一个教育的有心人，教材就在身边。高考并不是教育的目的，不以高考论成败，不以成绩看学生。教育的真谛在于感动，创造感动，传递感动。教育的感动让我们热血沸腾，感动的教育才是成功的教育。

秋日暖阳，问道襄阳

——赴武汉—襄阳学习交流心得体会

　　11月湖北秋意正浓，我们一行19人奔赴武汉、襄阳参加教学管理与学科学习交流活动。学习机会十分珍贵，每个人都只争朝夕，自觉严格遵守学习纪律，认真聆听，仔细笔记，学习生活可谓丰富而充实。几天来，共聆听了4位名家大师不同风格的讲座，听了两节公开课，尽管时间短暂，但受益匪浅，感想颇深。这次学习交流活动不仅让我们收获大量的新知识和新理念，更重要的是让我们零距离接触湖北省顶级高中学校的教学管理模式与教育教学理念。

一、震撼和触动

　　参观考察华中师范大学第一附属中学、襄阳五中、襄阳四中带给我们的是震撼和触动。襄阳五中，中国百强中学，被誉为古城襄阳的璀璨明珠，省市高考状元的摇篮。走进学校，给我印象最深的就是走廊上挂满了近年来考入清华北大学子的照片，让走进校园的学生就能感受到进入了清华北大的培养基地，非常励志。襄阳五中在十多年前就启动了"名师工程"，制定了一系列的考评和管理制度，在全校教师中广泛开展"铸名师、创名校"活动，形成了"老教师率先垂范，中年教师百舸争流，青年教师创先争优"的良好氛围。襄阳四中素有"教育家摇篮"之称，程校长提出了"以人为本，普遍激励"的管理理念，这所学校要为每一位教职工的专业发展和幸福成长创造最好的条件，设计科学的、符合实际的发展阶梯，促进每位教师专业成长。对教学业绩突出、做出贡献的教职工进行合理及时的奖励，对教学质量事故严格追究责任和剖析，树立"以贡献论奖励，以成绩论成败"的观念。

两所学校共同营造了尊师重教的良好氛围，建立了教学中心的管理服务机制、公平合理的保障激励机制、任人唯贤的任用提拔机制。以襄阳五中为代表的管理模式：每位新教师进入学校后可低价购得学校提供的100多平方米的住房；教师家庭有子女在高三年级的，教师可放假一年陪读等措施。这些措施的执行可谓重磅出击，老师们津津乐道，对于促使教师安居乐业起到至关重要的作用。襄阳五中的学生分三个层次的班级进行教学：A班、B班、C班。C班教得好的老师才能教B班，B班教得好的老师才能教A班，A班教得好的老师才能竞选年级主任，而年级主任的竞选采用演讲的方式让老师们自己选，任人唯贤的任用提拔机制为学校的发展营造了良好的尊师重教的氛围。除此以外，学校各部门如教务处、政教处、总务处的工作都是为年级管理服务，不存在上下级关系，扁平化的管理模式，使管理更加有效高效。教得好、管得好的教师可以获得相应的荣誉，有能力、想进取的老师有进步的机会和空间。教师是学校真正的主人，尊重教师，依靠教师，服务教师，成就教师，充分地调动和发挥教师的积极性，培养出优秀的团队，发挥集体的力量，学校才会发展得更好，更具有可持续性。学校倡导一种"让想干事的人有机会，让能干事的人有舞台，让干事成功的人有地位"的氛围，对教师的管理工作充满人文关怀，为教师搭建成功的平台，为教师提供一切专业发展、展示才能的机会，为教师提供提升自己、成就自己的巨大空间。

这一系列的措施和高效的执行力让我们震撼和触动，反思时下我们的中学学校教学管理，着实有很多需要改进的地方。

二、科学与效率

黄冈市教科院院长，原黄冈中学教学校长，黄冈市教育学会副会长、秘书长董德松为我们做了《科学备考赢在效率》的报告。他总结

上篇　学思践悟行致远

的"一个理念""五个误区""六个环节""八大关系"等都是长期教育教学实际的经验结晶，具有很强的概括性和实用性。他强调要少考试，多给学生自主的时间；要抓合作，搞诸葛亮会，学科合作不仅是年级内合作，跨年级也应合作。董院长的报告丰富而新鲜，开阔了我们的视野，更有切实可行的经验指导我们如何科学备考，赢在效率。

教学管理要抓好计划、研究、课改、命题、合作、思想六个环节，走出时间换空间、主导代主体、数量赢质量、精力换脑力、经验代思想的五大误区。高三备考确实是一个系统工作，作为基础年级，要看到两三年后高考，做到早规划，长计划，变一年备考为三年备考。高一学生习惯养成和基础知识夯实，对高考的影响毋庸置疑，作为学校层面，对高一起始年级在师资、资源配备上也要重视，做到毕业年级与非毕业年级并重。

高三备考更要做好教学研究。我们习惯"低头拉犁，很少抬头看天"，进入高三之后更是沉溺在题海、加班加点、编发大量复习资料中，师生陷入疲惫状态，但效率效果怎样，事后很少作总结和评价。高三备考苦功固然要下，我们的老师更应该要学会研究，精于研究，并形成制度，保证做到箭不虚发，要对文本（教育方针、课标、试题、评估报告、质量分析）、教学（专项研究、专题研究）、我们所教的学生、信息深入研究。学校可以组织各科目近几届高三教师的精干力量为龙头，分块研究，研究成果辐射到每位高三老师，指导备考。面对紧张的高三，要引入比较有力的激励机制，调动两方面积极性：一是教师层面的，特别是备课组长、班主任、青年教师；二是学生层面的，要破除急于求成和定局论，引导学生保持平常心态，享受高三，比如，可以在高三学生中开展"享受高三"的征文比赛等活动。

三、团结与精细

襄阳五中高三年级和襄阳四中的年级管理经验告诉我们，年级管理贵在团结和精细实在，课堂的精彩在于精、实、活、新。襄阳五中自2008年新校区迁址以来，实现了"七年十一状元"的"七度辉煌"。2017年高考，清华、北大、香港院校正式录取32人，全省领先。他们的高考能够创造辉煌的成绩，有许多做法值得我们借鉴，在年级管理中尽可能做到精细化，做实在，我们也有很多制度，但很多没有落实到位，如早晚读课，我们也要求定任务抓落实，但在抓实方面没有想到更多的措施，比如他们学校采取的"早读检测法"要求早读背诵教师要有教案。对学生的错题本也抓得实，每科的错题本教师要会进行检查。在办公室可以看到学生上交老师检查厚厚的错题本。

两所学校给我印象最深的还有他们的班级科任教师组和学科组的团结，每个班门前都有师生的全家福照片、寄语以及目标。各学科成立命题专家组成员，专家组照片和职责悬挂在办公室门口显眼位置。襄阳五中的年级主任是实行教师聘任制，高考结束后，高三全体教师召开会议，有五年班主任经验的教师可以参与竞聘年级主任，由年级组老师投票决定，再由新任的年级主任聘任4个助手，再聘任班主任，由班主任聘任教师，给予年级组充分的经费，调动年级组各位成员工作的主动性、积极性和创造性。

聚焦"核心素养"的"冷思考"

近年来，学科教研基地多次组织学员开展线上线下学习，走出去，请进来，"读万卷书，行万里路"，聆听全国各地的专家讲座，学习先进地区的办学经验，内容丰富、多元，一边听一边学，一边学一边做，一边做一边研究。与基地学员讨论，大家的感受不尽相同，但相同的是我们都把目光聚焦到了"核心素养"上。千里之行，对于"核心素养"的思考，我想可以用三个关键词概括，就是"回归""改革""落地"。

一、回归

时下，核心素养是教育界的一个热词，它是教育的本质回归，是人们为了更好应对社会经济快速发展而建构出来的关于人的能力与素养的体系，也被视为我国当前深化基础教育课程改革、落实素质教育目标的关键要素，并且将引领新一轮基础教育课程改革的方向。核心素养是学习者在学习过程中培育出来的能够适应未来社会发展需求以及个人自我实现需要的核心能力与关键品质。当前，核心素养之所以在我国教育领域备受关注，其主要原因在于核心素养对于指引我国当前和未来深化基础教育课程与教学改革起着重要作用。2017年教育部已经颁布普通高中课程方案和各学科课程标准，各学科核心素养的内容已经有了明确的表述。2022年教育部印发《义务教育课程方案和课程标准（2022年版）》，此次修订，全面落实培养担当民族复兴大任时代新人的要求，结合义务教育性质及课程定位，将党的教育方针具体细化为本课程应着力培养的学生核心素养，体现正确价值观、必备品格和关键能力的培养要求。但是，目前来看，核心素养还不是非常完美，它在理论内涵与实践操作层面存在诸多问题，核心素养中有些维度难以进行科学测评，以及对教师教学能力要求过高，义务教育学业水平评价等。为了有效突破这一困境，需要明晰核心素养的本质内涵与核心理念，优化核心素养的评价方法，强化基于核心素养的教师培训，找回教育的原生态，真正实现教育的本质回归。

基于核心素养的教学改革，要从课堂教学改革这一教育主阵地抓起，才能有效实现教育的本质回归。课堂不变，教师就不会变；教师不变，学校就不会变；学校不变，我们的教学改革将成为空谈。当前，课堂教学改革要从表面形式的课程改革回归到教育本质，即更加关注核心素养的培养，走到自然的、质朴的、唯美的教育发展道路上来，抓住根本，以学生为本，以学生的全面发展和健康的成长为根本，向学生的未来成长方向前进。在这种教育理念的导向下，课堂教学应该着力彰显四个关键特征，以回应教育本质回归的现实需求。

1. 关注人的教育

"以人为本"的教育理念即重视人，理解人，尊重人，爱护人，提升和发展人的自身价值的理念。党的二十大报告提出"实施科教兴国战略，强化现代化建设人才支撑"，教育是国之大计、党之大计，要坚持教育优先发展，建设教育强国，坚持为党育人，为国育才，全面提高人才自主培养质量。着力造就拔尖创新人才，聚天下英才而用之。教育作为培养和造就社会所需要的合格人才以促进社会发展和完善的崇高事业，自然应当全面体现以人为本的时代精神。因此，我们的课堂教学要强调以人为本，把重视人，理解人，尊重人，爱护人，提升和发展人的精神贯注于教育教学的全过程、全方位，它更关注人的现实需要和未来发展，更注重开发和挖掘人自身的禀赋和潜能。相反，漠视人的心灵、感情，忽视人的生命，不能给人精神的教育是教育的缺失。立德树人始终是教育的根本任务，我们每个老师都会自豪地说，我们每天都在教书育人。但是，非常遗憾，我们往往以学科教学的价值取代教育的价值。

2. 关注课堂的高效

高效课堂，是高效型课堂或高效性课堂的简称，顾名思义，是指教育教学效率或效果能够有相当高的目标达成的课堂。具体而言，是指在有效课堂的基础上，完成教学任务和达成教学目标的效率较高、效果较好并且取得教育教学的较高影响力和社会效益的课堂。简而言之，高效课堂就是以尽可能少的时间、精力和物力投入，取得尽可能好的教学效果。尽可能好的教学效果可以从以下两个方面来体现：一是效率的最大化。就是在单位时间内学生的受益量。主要在课堂容量、课内外学业负担等。二是效益的最优化。就是学生受教育教学影响的积极程度。主要在兴趣培养、习惯养成、学习能力、思维能力与品质等诸多方面。在课堂教学实践中，存在不少采用国家相关文件倡导的方法却不能取得良好教学效果的情况，如：翻转课堂、大量无效的课堂讨论等，并由此引起很多教师、家长的担心。究其原因，主要是这些教学活动把改革目标与课堂教学目标混淆，模糊了课堂教学方法与目标的对象不同。

3. 关注教学过程

课堂教学的本质，其过程应该是简洁明了的，目标明确的，对象清楚的，没有太多的迂回和炒作，也不需要过多的复杂花招。简洁的课堂教学过程体现在两个主要方面。首先，剔除过分的修饰，平平淡淡也是真，顺其自然。其次，明确具体的聚焦，核心素养的提升是根本。把握基本的核心要素，合适才是最好的。

4. 关注自然的互动

课堂教学作为师生交流互动的活动，要让师生做到心无旁骛，全身心投入或者沉浸在活动中，最重要的就是师生在教学活动中感觉要自然。这种自然的感觉使教学活动成为师生的"一种积极的行动、一种有效的介入、一种自我的充实"，它使人精神轻松、身心愉悦，既能更好地激发师生的参与热情，也有助于师生水平的更好发挥，核心素养的自然渗透、温润的浸润。抛弃化妆的痕迹，追求背后的自然美丽，这才是培育核心素养所需的环境。

二、改革

从2017年普通高中课程方案和各学科课程标准到2022年义务教育课程方案和课程标准，我国基础教育新一轮课程与教学改革已全面推行。如何基于新高考选择考试科目的要求对课程进行规划和设计，如何建立与选课走班相适应的科学的教学组织管理方式，如何借助信息化手段实现精细化管理，促进学生个性化成长，这些问题都是新一轮改革必须面对的问题。

应对新挑战，专家提出了建设性建议：

1. 转变教育思想观念

要树立先进的教育观和教育价值观。要以学生为本，促进学生德智体美劳全面发展，培养学生的核心素养。要树立科学的人才观和质量观。因材施教，承认差异，尊重学生的选择，鼓励学生兴趣特长发展。要树立现代的教学观和学习观。要以学生学习为中心，引导学生自主学习与合作学习。

2. 构建学生综合评价体系

学生综合评价体系包括文化考试、综合素质测评（思想品德、学业水平、身心健康、艺术素养、社会实践）、技能考查（通用技术基础、职业倾向和职业潜能）。在构建学生综合评价体系时，要坚持正确的教育价值取向，重视发挥评价在促进学生全面发展、提高教师素质和改进教学效果的功能。

3. 深化人才培养模式改革

要改革教学与学习方式，改善学习效果。要转变教师角色（学习伙伴），构建师生学习共同体。要探索参与式教学、探究式学习、"翻转课堂"等。要改革传统课堂教学模式，促进多样化、个性化教学。要变革学习制度，构建教学新常态，实行分层教学、分组学习、选课制、"走班"教学。如浙江：自主选课走班、分部分类分层走班、分段分层分类走班；上海：全走班、中走班、小走班。要开展生涯规划教育，提高学生选择能力。

4. 提高教师队伍建设水平

要提高教师教学能力和水平，加强校本培训和教学研究，以适应学生自主选课、分层教学要求。要提高教师指导学生选择的能力，发现学生特长和潜力、指导学生选课和规划学习生涯。要提高教师队伍整体素质，促进教师专业发展。

5. 探索管理体制机制创新

要调整教学组织，改革人事制度。要改革教学管理体制，提高教学资源使用效益。要加强顶层设计、综合改革、协同创新。

新课程改革，对教育提出了全新的命题。而学校所有育人的目标，最终都是要通过课程改革来实现。一所学校的课程观决定了这所学校的人才观，一所学校的课程结构决定了人才结构，一所学校的课程质量决定了人才质量。今后什么样的学校最受学生欢迎？什么样的学校最具有核心竞争力？就是具有成功的特色的课程，成功的特色的学校。因此课程才是未来一个学校的核心竞争力。课程建设将是今后学校的核心工作，学校要围绕核心素养开发架构多元、多层、严密、立体的学校课程体系，研制开发基于核心素养的课程，关注课程建设综合化、主体化发展趋势，加强系统研究、顶层设计和综合改革。通过优化学校课程结构以提升综合素养，促进全面、自主、个性化、可持续发展；为学生们提供高品质的学习生活，启迪智慧，增长知识，激发兴趣，形成能力；教育学生努力做人格健全、品德高尚、身心健康的人，做有文化修养、有人文关怀、有责任担当的人，做有全球化国际视野和民族精神的人，为将来步入社会打下坚实基础。

三、落地

培养"核心素养"是站在新的历史时期，高屋建瓴落实立德树人战略目标的重要途径。它的提出，为我们真正走向以学生为中心的教育，确立回归教育本源的学校教育教学实践，提供了引领性支撑，从而使课程与教书育人主阵地的形成成为可能。

核心素养来了，学校何为？核心素养要如何落地生根？各个学校要结合本校历史脉络、办学优势、地域特色等条件和因素，在学校育人目标设计的过程中选择和优化核心素养，实现学校对核心素养的"校本化回应"，使其"接地气"，切实转变为课程教学实践活动。一是要形成核心素养的校本化理解。重点在领会核心素养的价值、意义，以及具体的规定要求。二是要完成核心素养的校本化转化。重点在将"国家标准"转化为学校落实的行动计划或方案，落实在课程、教学、评价、管理的各个方面。三是生成核心素养的校本化表达。重点在于从学校的实际出发，在全面理解、执行的基础上，明确本校更强调哪些，需要拓展什么，以更加彰显校本特色。四是要"借道"四个转型以落实核心素养。课堂学习目标要向知识与能力、过程与方法、情感态度价值观三个维度的整合且重视关键能力和必备品格的方向转型。课堂教学方式，要向情境式、学科活动式的教学方式转型。学生学习方式，要从以往的被动接受型向自主合作和探究性学习的学习方式转型。课堂教学评价，要向培养人的核心素养的评价角度不断拓展。

教育从"人"出发的顶层设计最终回归到健康发展、幸福生活、成功应对未来挑战的"人"，将是一个长期、复杂的过程。当"核心素养"来敲门，我们准备好了吗？围绕核心素养而实施的新生命教育实践正渐次展开，培育有民族文化根基的现代人，我们永远在路上。

反向而行的教育智慧

——例谈运用逆向思维解决初中地理问题

逆向思维，顾名思义，是逆向思考解决问题的方法与过程。当我们面临问题没有办法破局，该怎么办？尝试运用逆向思维，"反着想"也许问题就简单了。在初中地理教学中，我们更习惯于沿着地理事物发展的正方向去教给学生思考地理问题办法和解决地理问题的策略。其实，对于某些地理问题，从结论往回推，倒过来思考，从答案回到已知条件，反过去想或许会使问题简单化。本文尝试运用逆向思维来分

析解决地理问题的方法，抛砖引玉，共同提高初中生的地理学科思维品质。

一、例谈运用逆向思维解决地理问题的方法

2019年以来，广东省初中地理学业水平考试增加了综合题的考查。综合题中的问答题，对学生思维品质提出了更高的要求。下面我们以两道问答题为例，来谈运用逆向思维解决这些综合问题的方法。

例如，2021年广东中考真题32题第（3）问：鄱阳湖露出的浅滩为白鹤提供了越冬场所。说明该季节鄱阳湖露出浅滩的原因。

本题目如何采用正向答题，学生很难非常规范地表述出来。但如果运用逆向思维的方法，由果溯因，则问题迎刃而解。通过如下思路进行逆向思维：

说明该季节鄱阳湖露出浅滩的原因。

冬季鄱阳湖露出浅滩，是由于鄱阳湖水位降低；

冬季鄱阳湖水位降低，是由于长江流域来水少；

冬季长江流域来水少，是由于长江处于枯水期；

冬季长江处于枯水期，是由于长江流域降水少；

冬季长江流域降水少，是由于受冬季风的影响。

于是我们可以写出以下答案：鄱阳湖位于亚热带季风气候区，冬季盛行冬季风，降水较少，流域来水少；冬季是长江枯水期，长江水位低，因此鄱阳湖水位随之降低。

又比如，2019年广东中考真题32题第3问：分析西西里岛与江西血橙树越冬条件有何不同。

同样运用逆向思维的方法进行追问，我们可以得到这样的逆向思维过程。

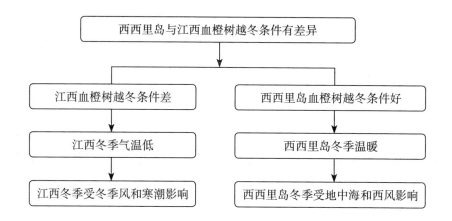

通过这样的逆向思维分析方法，我们很容易就写出这样的答案：我国江西冬季深受来自高纬度的冬季风和寒潮影响，气温低，易受冻害，江西血橙树越冬条件差。西西里岛深受周围广阔海洋和西风的影响，冬季较为温暖，越冬条件好。

二、运用逆向思维解决地理问题的基本步骤

运用逆向思维解决地理问题的基本步骤是：第一步是紧扣问题实质，把握关键信息；第二步反向由果索因，构建思维链条；第三步开展链式追问，层层剥开问题；第四步正向推理演绎，正面回答问题。下面我们来举例说明解决问题的基本步骤：多数大河的河口都有三角洲，为什么刚果河的入海口没有三角洲？

第一步，这个问题实质是三角洲的成因，而关键信息是"河流入海口"的特殊地理位置。问题就变成了：在刚果河的河流入海口特殊地理位置，为什么不具备三角洲发育的条件？

第二步，反向由果索因，构建思维链条。"刚果河在入海口没有出现三角洲"是地理事实，这是结果。由果索因，一果可以是多个因。没有出现三角洲，一则刚果河河水从上游地区带到的入海口，河流中含沙量较少；二则刚果河的入海口入海泥沙被带走；三则河口处地壳处于持续的下沉运动。

第三步，根据以上分析，由此构建三条思维链条。

第一条：为何刚果河的入海口河流河水中含沙量较少？一是刚果河流经热带雨林气候区，终年高温多雨，形成了茂密的热带雨林，植被覆盖率高，使得河流中含沙量很少，河口不具备形成三角洲的物质来源。二是地形原因，由于刚果河中上游大部分河段流经刚果盆地，地势低平，河流流速缓慢，河流中挟带泥沙的能力下降，大多泥沙沉积在了刚果盆地内。和世界上大多数河流不同，当刚果河流出刚果盆地，进入河流下游段时，由于地势相对有一定坡度，流速反而加快，河流以较快的速度流入大西洋，使得仅有的泥沙也不能在河口沉积，从而无法形成三角洲。

第二条：刚果河的入海口入海泥沙被带走的原因。刚果河的入海口海水运动，持续带走了泥沙，使入海口处泥沙较少。而流经这里的主要是几内亚湾暖流。

第三条：河口处地壳处于持续的下沉运动。这一方面并没有充分的证据说明这一观点。可以排除。

第四步，正向推理演绎，正面回答问题。

刚果河在入海口没有出现三角洲的原因是：刚果河入海口处于一个独特的地理位置和地形条件。主要的原因有三大方面，一是河流泥沙来量较少，未能形成三角洲。刚果河由于地处热带雨林气候区，终年受赤道低压控制，全年高温多雨，水热条件好，形成了高大茂盛的热带雨林景观，森林植被覆盖率比较高，受植被影响，河流含沙量较少，就没有了形成三角洲的物质来源。二是地形条件，刚果河中上游大部分河段流经非洲中部的刚果盆地，刚果盆地四周高中部低，中部地区地势低平，河流流速下降，河流挟沙能力下降，泥沙容易沉积在刚果盆地中部地区。和大多数河流不同，刚果河从刚果盆地流出河段，地势有一定坡度，流速迅速加快，刚果河以大的速度向西注入大西洋，由于流速较快，使得泥沙难以在河口沉积，从而难以形成三角洲。三是刚果河的入海口的海水运动，沿岸洋流带走了注入大西洋的泥沙，使入海口处泥沙沉积比较少，难以形成三角洲。

三、在初中地理教学中运用逆向思维解决地理问题

在初中地理教学中，运用逆向思维解决地理问题主要是分析地理事物原因的问题，在初中地理各章节教学中均可以使用。

比如说：七年级下册《亚洲概述》中，讲到亚洲季风的成因问题。我们可以设问："东亚的季风气候为何最为典型？"

我们可以运用逆向思维解决这个问题：

东亚的季风气候为何最为典型？

因为海陆热力性质差异最显著。

为何海陆热力性质差异最显著？

因为位于世界最大的大洋太平洋和世界最大的大陆亚欧大陆之间。

七年级下册《南亚》中，讲到南亚季风的成因问题。我们可以设问："夏季南亚西南季风的成因？"

我们同样可以运用逆向思维解决这个问题：

夏季南亚西南季风的成因？

由于南半球的东南信风越过赤道，进入北半球，受地转偏向力影响发生偏向而成为西南风，即为南亚的夏季风。

为何南亚东南信风会越过赤道？

因为气压带、风带北移，南半球的东南信风越过赤道。

为何气压带、风带会发生北移？

因为此时是北半球夏季，太阳直射点北移。

类似的问题还有很多。比如说：从自然地理分析，荷兰成为"鲜花王国"的成因。分析日本与德国工业布局的差异及其成因。与东北相比，华北地区春旱更严重的原因。

逆向思维源自生活，反向而行的智慧服务于教育教学，有利于帮助学生构建严密的思维链条，提升学生思维品质，更有利于引导学生走出知识"背多分"的误区，使我们的初中地理教学由学科育分走向学科育人。

上篇　学思践悟行致远

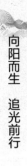

从时空综合视角培养学生区域认知能力

区域认知素养是地理学科的核心素养之一，是学生对地理知识学习的一种思想方法。新课标对区域认知是这样定义的："区域认知指人们运用空间—区域的观点认识地理环境的思维方式能力。"任何区域的地理现象都是在一定的时空条件下形成和发展、演化的。因此，结合地理学科的特点，中学地理在进行区域地理教学过程中，要善于引导学生立足时间和空间两大要素去认识区域。深度理解和把握地理时空信息，透过信息引导学生提出地理问题、分析思考解决地理问题的方法与策略，以提升学生区域认知水平。

一、建构时空情境，体会演变规律

地理事物和现象的发生一定是在特定的时空情境中。时空综合既是综合思维的"上层建筑"，也是区域认知养成的重要支撑。教师要从"同时同地""同时异地""异时同地""异时异地"不同视角建构时空情境，分析区域特征、区际差异、区域演变、区域发展等，以提升学生区域认知能力。我们可以通过下面视角来构建时空情境，体会区域演变规律。

我们可以从时间视角引导学生观察某一地理事物演变过程，分析其演化的原因及演化后对其他地理事物产生的影响。如：广东高考真题第14～15题。

我国某特大城市一老旧厂区经过近十年的改造，于2006年被评为国家最佳文化创意产业园。2008年以来，该产业园又持续转型为文创旅游空间，大众游客替代文创从业者和爱好者成为消费的主要群体。下图示意2008—2019年该产业园功能分区演化。

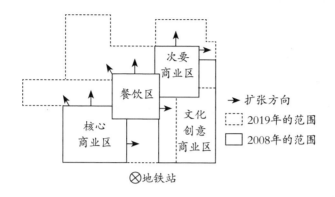

这道题探究的是近十年我国某特大城市老旧厂区的演变过程。从老旧厂区到文化创意产业园，文化创意产业园到文创旅游空间，再从不同时间的扩张方向，观察区域演变过程。然后提出了以下问题：该产业园功能分区演化的原因；功能分区演化对该产业园带来的影响。这是典型的"建构时空情境，体会演变规律"的题型。

再比如："说出21世纪以来鄱阳湖面积变化的主要原因，并简述这种变化对湿地生态功能的有利影响。""结合人口变化和农业生产活动，说明1990—2019年山东省渤海滨海湿地面积的变化特点。从生态环境的角度阐述开展滨海湿地修复工程的积极意义。"这些题目都是分析其演化的原因及演化后对其他地理事物产生的影响。

我们也可以从空间视角引导学生看某一地理事物在同一时间的区域差异，分析产生区域差异的原因。提出问题：为什么某个地理事物在这个时间发生在这个地区，而不是那个地区？如2022年全国高考题（全国甲卷）第9～11题。

蒙古族将靠近山林的优质草原称为杭盖草原。杭盖草原地形和缓，多由缓丘和河谷组成。缓丘上牧草葱郁，河谷中的牧草更加繁茂。通常鼠类打洞、啃食等对草原多有破坏，而杭盖草原的河谷中鼠害却很轻。杭盖草原是古时游牧民族最喜爱的牧场。

9. 杭盖草原附近山地对古时游牧民族越冬的重要性在于（　　　）

    A. 提供水源

    B. 挡风保暖

    C. 食物丰富

    D. 围猎场所大

10. 相对于周边坡度较大的草原，杭盖草原的缓丘牧草生长更好，是因为缓丘上（　　　）

    A. 降水较多

    B. 蒸发较弱

    C. 温度较高

    D. 径流较少

11. 杭盖草原的河谷鼠害很轻，是因为河谷（　　　）

    A. 缺乏鼠类食物

    B. 冷空气易集聚

    C. 地下水位高

    D. 鼠类天敌多

这三个问题都属于从空间视角引导学生看某一地理事物在同一时间的区域差异。我们改为同一句式的问题：与周边地区比较，杭盖草原附近山地更适合古时游牧民族越冬的原因？与周边坡度较大的草原比较，杭盖草原的缓丘牧草生长更好的原因？与周边地区比较，杭盖草原的河谷鼠害很轻的原因？面对这种问题，我们要善于引导学生从区域比较中寻找产生差异的原因。

我们也可以从时空视角引导学生看某一地理事物发展趋势，对未来发展方向做预测。

比如：

结合河流侵蚀的知识，分析图中（图略）虚线框所示区域水系演化过程与趋势。

从全球变暖的角度考虑，说明未来纳木错能够与仁错贯通的理由。

推测祁连山北侧河谷地区冰川风近年来的变化特征及理由。

这种题型在近年的中考、高考中出现的频率比较高，要引导学生通过已知条件对地理事物未来的发展方向作出准确的判断。

二、区分时空尺度，破解地理问题

在进行区域地理教学时，我们要重点把握区域地理位置、区域地理要素、区域发展和演化过程等，而时间和空间是分析和表述区域地理的两个基本标尺，因此要牢牢把握好不同的时空"尺度"概念。地理空间尺度有大有小，并有一定的等级，分析和解决地理问题，要对尺度大小进行选择。选择正确的时空尺度，是破解地理问题的关键。

下面以一道高考题为例来讲这个问题。

随着非洲板块及印度洋板块北移，地中海不断萎缩，里海从地中海分离。有学者研究表明，末次冰期晚期气候转暖，里海一度为淡水湖。当气候进一步转暖，里海北方的大陆冰川大幅消退后，其补给类型发生变化，里海演化为咸水湖，但目前湖水盐度远小于地中海的盐度。下图（图略）示意里海所在区域的自然地理环境。

问题：末次冰期晚期里海一度为淡水湖，对此做出合理解释。

这个问题包含了两个时间尺度：一是末次冰期；二是冰期晚期。如果学生能学会区分这两个时空尺度，问题便能不攻自破。末次冰期，气温仍较低，湖面蒸发弱；冰期晚期，气温升高，冰雪融水补给增多；随着时空的演化，补给量大于蒸发量，里海一度演化为淡水湖。

我们再以2020年广东省初中学业水平考试第20题为例来讲如何区分时空尺度的问题。

20. 2020 年一季度巴西大豆出口量多于美国的原因可能是（　　　）

　　A. 人口多，农产品需求量大

　　B. 恰逢收获季节，错峰出口

　　C. 科技发达，机械化程度高

　　D. 交通便利，运输成本低

上篇　学思践悟行致远

"2020年一季度"是一个关键的时间信息，学生如果能够敏感地捕捉到"第一季度"这一个时间尺度，就能轻而易举地选择答案是"恰逢收获季节，错峰出口"。问题的关键在于问的角度是这个季节的原因，所以只能从第一季度这个时间去寻找原因。

再比如2022年广东省普通高中地理学业水平选择性考试第3题。

河床纵剖面是指由河源至河口的河床最低点的连线剖面。青藏高原东南部的帕隆藏布江某段河床纵剖面呈阶梯状形态；近几十年来，在该河段有湖泊发育。下图示意该段河床纵剖面形态。据此完成下面小题。

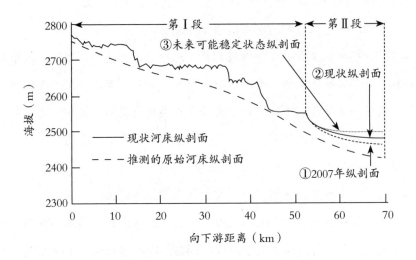

3. 第I段河床纵剖面阶梯状形态形成的自然原因是（　　　）

A. 地质构造差异抬升

B. 河流的阶段性下切

C. 原始河床地形差异

D. 滑坡、泥石流作用

这道题有不少学生选择了"A. 地质构造差异抬升"答案，这是典型的未能从时空尺度把握地理事物。这道题涉及的三个纵剖面，从时间上看变化的时间很短，从2007年到现在也就十几年的时间，"十几年"的时间维度，地质构造差异抬升的可能性非常低，除非发生突变，地壳产生强烈抬升。从空间上看，对比2007年纵剖面，现状纵剖面有明显阶梯状，高差大的地方可达到几十米的级别。通过以上的时空解读，能解释这种现象的自然原因只能是滑坡、泥石流作用。

三、加强时空关联，培养综合思维

地理环境是由多要素组成的，对要素的综合分析，是我们认识地理环境特点或地理现象成因的最基本的方法。时空要素的综合分析体现了地理学研究的综合性特点。时空的综合分析体现了地理学研究的动态性特点。地理事物和现象不论是自然的还是人文的，都是不断变化的。通过时空要素关联，用动态的观点研究地理事物和现象，发现其发生、发展及其演变的规律。

下面以一道模拟题来介绍如何通过时空要素关联来进行综合思维能力的培养。

长江源区沱沱河位于青藏高原腹地，受地形、降水、冰雪融水等影响，形成了大量高原冲积型河床和丘陵坦谷河床，发育了"辫状水系"。每年4—10月，大量斑头雁迁徙至此，在沙洲和两岸峭壁上筑巢、孵化、繁殖，"辫状河道"成为斑头雁的"天然产房"。而每年的冬春季午后，"辫状河道"又成了风沙的策源地，漫天飞扬的风沙严重威胁到横跨沱沱河的青藏铁路的正常运行。下图示意沱沱河"辫状河道"局部地形和景观。

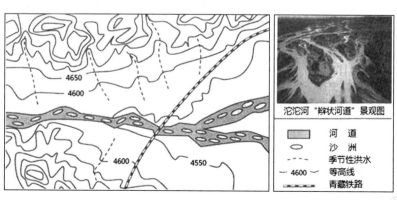

上篇　学思践悟行致远

分析"辫状河道"在冬春季午后成为风沙策源地的原因。

首先从时空要素关联上分析，"冬春季"要与长江源区沱沱河"辫状河道"进行关联。如何关联？

冬春季—"辫状河道"—"有沙源"。

冬春季—"辫状河道"—"风力大"。

冬春季—"辫状河道"—"易扬沙"。

冬春季午后—"辫状河道"—"更易扬沙"。

特定时间与特定空间产生了特定的地理现象，这就需要我们培养学生的时空综合思维能力。具体问题进行具体分析。

冬春季，长江源区沱沱河"辫状河道"水位较低，沙洲裸露，沙源丰富；长江源区沱沱河位于青藏高原腹地，在冬春季，风速较大，加上冬季河流封冻，河面光滑，摩擦力小，风力增大；在冬春季，裸露的沙洲内部水分少，抗风力侵蚀能力较弱，容易起沙；在冬春季午后大气对流运动旺盛，更利于扬沙。

多角度培养学生的地理时空综合思维，让学生拥有一双"慧眼"，养成透过时空信息提出地理问题、分析思考解决地理问题的习惯，使学生在悟中学、学中创，这必将给我们的教学注入无限的生机和活力。

参考文献

[1] 王朝. 高中学生地理空间认知能力的培养现状与突破策略研究 [D]. 西安：陕西师范大学，2018.

[2] 钱鑫. 地理综合思维导学的特性分析 [J]. 中学地理教学参考，2019（20）：2.

用地理时空观看《白蛇传奇》

下面以中国四大爱情传奇之《白蛇传奇》故事为例，来讲如何将问题融入情境，将情境融入时空。《白蛇传奇》故事介绍了白素贞在四川峨眉山清风洞修行，已经修行了近千年，有了一千年的功力，白蛇幻化成人形。但这段时间无论白素贞如何静心修炼，功力都不见长。忽得一神仙点化，在人间有一段姻缘未曾了却，要圆得这份姻缘方得成仙。这茫茫人海，如何寻得姻缘？临别时，老神仙留下了一句话："记住了，清明节，西湖边，万人丛中最高者！"一语道破天机，白素贞从时空信息解读中寻得许仙，圆了一段姻缘。借此故事我们可以提出如下的问题：

1. 白素贞如何从时空信息解读中寻得许仙？

"清明节，西湖边，万人丛中最高者"这话里已经告诉了我们明确的时空信息，从时间上看清明节，古时的清明节为农历三月初三这一天；从空间上看，地点在杭州西湖边，西湖也很大，就是用一天的时间去西湖边找一个人也很难，因此后面还有一句"万人丛中最高者"，从空间尺度上缩小了范围，西湖边有一处飞来峰，人站立在上面便是万人丛中最高者。通过这样的时空解读，我们不难发现时空信息是多么重要的。

2. 为何白素贞修炼地点选择在四川峨眉山清风洞？

蛇类喜居荫蔽、潮湿、人迹罕至、杂草丛生、树木繁茂、有枯木树洞或乱石成堆洞穴中。蛇有冬眠的习性，到了冬天盘踞在洞中睡觉。从空间上看，四川峨眉山位于中国南方地区夏季高温多雨，气候潮湿适合蛇类生活。山区人迹罕至，杂草丛生、树木繁茂，食物源丰富。而清风

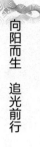

洞的局部小环境又符合蛇类的生活习性。透过空间的层层分析，我们看到情境设置的合理性。

3. 从地理时空视角分析清明节杭州西湖边白素贞与许仙风雨同舟的合理性

从时空综合上分析，杭州清明节时节雨纷纷是有科学依据的。杭州市位于东经120°、北纬30°左右，我国南方地区，处于亚热带季风区，属于亚热带季风气候，四季分明，雨量充沛。清明时节，杭州地区出现雨纷纷是正常现象。由于太阳直射点的向北移动，春分过后越过了赤道，引起气压带和风带向北移动，引起了地球热量的变化。位于太平洋的副热带高气压带便会加强西伸。海洋上的暖湿水汽就会随之输送到我国大陆地区，从而带来丰沛的降水。在清明节前后，北方的冷空气势力开始减弱北撤，但仍有少部分冷空气负隅顽抗，从西伯利亚经蒙古、华北地区折向长江流域；与此同时，南方的暖湿空气迅速增强北上，这样一来，南下的冷空气与北上的暖空气正好在长江流域相遇，形成"准静止锋"。

受到"准静止锋"的影响，清明时节南方杭州一带出现阴雨绵绵，连日不断的天气，从而形成"雨纷纷"的景象，这也是形成清明降雨的最主要原因。

另外，杭州地处长江三角洲南沿和钱塘江流域，有着江、河、湖、山交融的自然环境。东部属浙北平原，地势低平，河网密布，湖泊密布，典型的"江南水乡"。结合当地的自然条件和当时的交通工具以船运为主，清明节杭州西湖边白素贞与许仙风雨同舟是有其必然性的。

透过以上故事分析，我们能充分认识到时空信息重要性。同时通过时空信息的解读，我们更能深刻认识地理事象的区域性特点。当问题融入情境，情境融入时空，我们就学会了具体问题具体分析，而不是把地理知识读死。

透过地理视角看《乡土中国》

——读《乡土中国》有感

在繁忙的工作之余，抽空学习了费孝通老先生的《乡土中国》。读后感触颇深，受益良多。这是一本关于社会学、人类学等方面的著作，书尝试真实展现"中国基层社会的乡土社会究竟是个什么样的社会"，从乡土本色、文字下乡、再论文字下乡、差序格局、维系着私人的道德、家族、男女有别、礼治秩序、无为政治、长老统治、地缘与血缘、名实的分离、从欲望到需要等方面展开叙述，全面地展现了乡土中国的真实面貌。读完全书后，我尝试透过地理学科视角来看《乡土中国》，试图以地理的视角来理解中国乡土社会，抛砖引玉。

一、从乡土地理看中国文化的"根源"

《乡土中国》所描绘的中国乡土社会本色是"土气"，由此产生了生于斯、长于斯、死于斯的社会模式。农耕文明是黏着土地生长的，有了土地的滋养才有了"面朝黄土背朝天"的传统农业，才有了聚村而居、与世无争的传统生活，才有了中国人生生不息的传统文化根源。作为养育了一代又一代的中国人的"泥土"，不仅书写了中华民族的浩瀚历史，而且塑造了中国人的性格，可以说，"泥土"早已融入了中华民族的血液中。

这种社会学研究的独特视角，与文化地理学的研究方法可谓不谋而合。透视中国自然地理，中国地处亚洲东部季风区，夏季高温多雨，雨热同期，由此塑造了中华文化上下五千年的农耕文明。五千年的风雨，五千年从不间断贯穿了我们的整个历史。我想这也许就是中国文化的"根"。《易经》说："天行健，君子以自强不息；地势坤，君子以厚德载物。"日出而作，日落而息，造就了农耕文明，先民们在周而复始的生活中秉持着最朴素的想法，自强不息向往和平以及奋斗的理念。就是这些扎根于乡土地理的传统文化蕴含在生活里才让华夏文明生生不息。五千年农耕文明，人们在与自然的互动中，逐渐掌握了自然规律。农业生产是有季节性和周期性的特点，于是我们懂得需不违农时，因时而动，形成了富有智慧的"二十四节气"。因而有了道家的"人法地，地法天，天法道，道法自然"思想。天下时，不与人谋，季风多变，旱涝多发，自然灾害频发，先民们向天乞求"风调雨顺"。降水季节多变，于是我们知道"宜未雨而绸缪，毋临渴而掘井"。"未雨绸缪""居安思危""谋定而后动"，这些都是来自我们所处的自然地理环境，可以说皆出自"乡土"。而正是这些带着"土气"的智慧和理性之光才让华夏文明大放光芒。

二、从时空变化看社会的"差序格局"

"差序格局"是费孝通先生在《乡土中国》中首先提出来的。"差序格局"是指发生在亲属关系、地缘关系等社会关系中，以自己为中心像水波纹一样推及开，愈推愈远，愈推愈薄且能放能收，能伸能缩的社会格局，且它随自己所处时空的变化而产生不同的圈子。中国乡土社会以宗法群体为本位，人与人之间的关系，是以亲属关系为主轴的网络关系，是一种差序格局。在差序格局下，每个人都以自己为中心结成网络。这就像把一块石头扔到湖水里，以这个石头（个人）为中心点，在四周形成一圈一圈的波纹，波纹的远近可以标示社会关系的亲疏。

从地理时空观来看，社会的"差序格局"就是不同时空尺度叠加的时空耦合系统。中国人之"家"的概念，可以随时空伸缩自如，可大可小。"家里的"可以指自己的太太一个人，"家门"可以指叔伯、侄子一大批，"自家人"可以包罗任何要拉入自己的圈子，表示亲近的人。

自家人的范围是因时因地可伸缩，大到数不清，天下可成一家，五湖四海皆兄弟。

对今天的人们来说，"差序格局"更重要的是提醒人们要学会突破自己"私"的小格局，从更广阔的时空尺度去规划好人生，谋划好集体的愿景。所谓"心胸有多宽广，舞台就有多大"。一个人能取得多大成就，往往取决于拥有多大的格局。尝试改变自己，提升自己目标的高度。一个人的目标是鸡毛蒜皮还是星辰大海，过的是不一样的人生。千万不要把目标局限在一个当下的、渺小的世界，要敢于去拥抱更广阔、更高远的世界，这样才能从"小我"走向"大我"。而作为小众的地方文化只有融入中国文化的大"格局"中，才能走得更远，才能得以传承和发展。

三、从人地协调观看乡土社会和谐发展

《乡土中国》所写："孤立、隔膜是以村与村之间的关系而说的，乡土社会的生活是富于地方性的。地方性是指他们活动范围有地域上的限制，在区域间接触少，生活隔离，各自保持着孤立的社会圈子。乡土社会在地方性的限制下成了生于斯、死于斯的社会。常态的生活是终老是乡。"从中国乡土社会来看，人地协调发展是走向可持续发展的必由之路。从人与空间的关系上来说，世代定居，流动少，是常态。由于流动性差，加之人多地少，以小农经营为主，为了生活和生产的需要，住宅与农场不会距离太远；为了共享水利等基础设施，村民聚集而居；基于兄弟均等继承的传统，使人口在同一个地方一代又一代地累积起来。从人在空间的分布关系上来说，是孤立和隔膜，人口的流动率小，社区间的交往也疏少。传统是乡土社会中世世代代所累计的经验，在经验的指导下形成的。依照了就有福，不依照了就会出毛病，从而使人们心中产生了敬畏，演变成了一种"仪式"。乡土社会中的人，世代间生活形态差异不大，人生经验更多是一种重复，每一代都是相似的周而复始的生活历程。整个乡土社会由于具有相对的封闭性，社会文化的变迁不

上篇 学思践悟行致远

· 41 ·

大，乡村生活简单而重复。而这些正是乡土社会人地和谐发展的表现。

透过《乡土中国》，我们看到，要实现人与自然的和谐相处，必须实现人文精神与科学精神的有机统一。和谐则发展，不和谐则变异，这是千古不变的真理。面对诸多生存危机，人类只有回归自然，才能走出困境。这就需要进一步开发人与自然更加自觉的和谐状态，重新认识和理解自然规律，重新反思人与自然、人与人、人与社会的关系，树立"天人合一"的协调发展理念，在更高的科技水平上取得人与自然的和谐相处，协调发展。

透过地理视角看《乡土中国》，我们看清中国文化的"根源"，我们懂得通过不同时空尺度叠加的时空耦合系统突破"差序格局"，我们清醒认识到在更高的科技水平上取得人与自然的和谐相处，协调发展的意义。

立足学科核心素养，走出教学误区

时下，基于核心素养的地理教学改革已然成为万众瞩目的话题。核心素养促使中学地理教学正在发生一场深刻的变革。面对正在发生的教学变革，如果我们一线的地理教师还没有学透，甚至有些教师教学还在走"老路"，就会导致方向性错误，走进了教学的误区。笔者结合中学地理课堂教学观察来谈高三地理复习备考工作存在的误区以及解决措施。

误区一：在教学内容上多多益善，宁多勿少

近几年在深入学校听课调研中，我们发现高三年级地理学科一轮复习从教学内容上依然存在这样的现象："多多益善，宁多勿少。"地理一轮复习的方法就是从内容上对各章节知识进行全面细化，教学内容

做到面面俱到。如地理必修1第一章复习就按章节顺序第一节宇宙中的地球，第二节太阳对地球的影响，第三节地球的运动，第四节地球的圈层结构。复习的过程主要是细化知识点，高三的学生会有在上"新课"的感觉。从时间上，第一章的复习内容，不少学校要花上两个月的时间才复习完。表面上看，老师是把每个知识都讲到了，实际上学生没有学到。面面俱到，没有重点，多多益善，宁多勿少，是目前地理教学中存在的一个误区。其结果是，老师讲课很累，学生学得更累。

改进措施：重视梳理，精准聚焦

近几年的全国高考卷地理试题明确告诉我们，不是所有的地理知识都能入命题者法眼。与考纲相比，实际命题点很少，有的章节基本没有命题点。所以在高考备考的一轮复习构建知识网络时要特别关注命题点，要突出各章节的重点和高频考点。高考对于"死记硬背"地理知识考查会越来越少，而是越来越多地注重考查运用知识的质量与思维品质，教师一味地讲，达不到学以致用。

建议一轮复习重点放在梳理知识系统，理清层次脉络，构建地理学科知识的骨架上。构建骨架可以使零散孤立的知识系统整合，既有利于从整体上把握部分知识，又有利于提升学生的地理综合思维能力。一轮复习备考中要结合考纲和教学内容，对各章节知识进行有序整理。要整理出知识的系统、层次、脉络，明确各部分知识的地位和作用。

一是依据新课标考纲，明确主干考点。出现在新课标与考纲中的考点，虽然都是考试内容，都属于主干性考点，但在主干性考点中，也要分出主次轻重，把有限的时间与精力投放在重点的主干考点上，以期达到最佳复习效果。

二是依据高考试题，明确常年的高频考点。考纲没有明确，但结合高中新课标要求及该内容的突出地位应重点掌握的，必须引起高度重视。如世界气候类型分布、特点及成因；河流的水文水系要素与特征；地理要素之间的相互影响；地理事物的形成过程等。

三是依据教材，构建知识网络。要建立知识间的联系线索，对知识

上篇 学思践悟行致远

点进行加工和重组，使各种旧知识在教师引导下，重新组合、归纳、联系、迁移，成为"有组织的"新知识。可以根据地理事物之间的时空关系，构建知识点之间的思维线索。如：季节更替—正午太阳高度与昼夜长短的变化—气温与降水的变化—气象灾害的时空分布—水文现象的季节变化—外力作用强弱的季节变化—农业生产的季节性—不同季节自然资源的利用—环境问题的季节特点。根据地理事物空间分布的接近联系或对比联系。如：世界大洲的分布—板块的分布—世界火山、地震带的分布—年轻的褶皱山脉的分布—年轻的高原的分布—某些有色金属矿的分布—古老的高原的分布—主要平原的分布—与冲积平原有关的大河的分布。根据地理事物间因果关系的联系。如：太阳辐射在地球上的不均衡分布—气压带、风带的分布—洋流的分布—气候类型的分布—植被的分布—自然带的分布。我们应当引导学生运用教材寻找知识的交汇点、迁移点、延展点、生长点，实现点、线、面、体的知识网络。

误区二：在教学方式上急速填压，重"知"轻"能"

当前一些学校高三年级地理教学仍采取急速填压、大量知识轰炸的"填鸭式"教学方式，这种重"知"轻"能"的"填鸭式"教学方式导致的结果是学生的学习负担更大，学生要花更多的时间去背诵知识点。有些学校干脆就整理出每个章节的背诵知识条目，还有地理综合题"万能答题模块"。要求学生每天都要坚持背诵。表面上看，学生学了很多的知识，实际上学生学科素养得不到培育。在高三年级管理上则是采用加班加点举办各种辅导班，印发大量的讲义、资料、作业，挤占课余时间，不留给学生任何自主学习的空间，导致学生实践能力、思维能力、创新能力普遍下降。

改进措施：学思结合，讲练结合

"学而不思则罔，思而不学则殆。"一味地背诵课本知识，而不注重深入思考，只能被课本知识牵着鼻子走，迷惑而不得其解。地理教学在传授知识的过程中，要注重学思的结合，重视思维过程，突出地理学科核心素养的培养。我们的课堂教学要逐步实现由"知识立意"

型课堂向"能力立意"型、"素养立意"型课堂转变，使学生解决问题的思维方式由"记忆知识"型向"分析能力"型、"综合素养"型转变。一轮复习教学中，应当根据学生的认知规律，联系学生生活，联系生产实际，从生活、生产、生态出发，引导学生发现疑惑，激活思维，释疑解惑，建构知识，并用其解决实际问题，提升地理实践力。

在课堂教学方式上建议采取"精讲"与"多练"相结合的方式。"精讲"是教师根据教学目的、要求和学生的实际，对教材中的重点、难点，做精辟的讲解，使学生能从丰富多彩、纷繁复杂的教学内容中理出头绪，抓住中心，并腾出一定的时间，加强基本训练，加强能力培养。教学重点要讲清讲透，非重点内容可以略讲，学生通过自学可以理解、掌握的地理问题可以不讲。"多练"指的是在课堂教学中，教师要多给学生练习的机会，借助真实的地理问题情境创设，启发学生思考地理问题。老师们要提供更多有价值的地理问题让学生分析、解决并加以指导，目的是引导学生通过"练"，达到理解、巩固、运用所学知识和提高学生分析、解决问题的能力。因此讲练结合教学的关键在于教师是否能够为学生提供更多有价值的地理问题。有价值的地理问题就是立足学科核心素养，有利于培养学生四项能力（获取和解读地理信息的能力、调动和运用地理知识的能力、描述和阐释地理事物的能力、论证和探究地理事物的能力）。

误区三：教学进度上章节独立，猛赶进度

高三年级备考时间有限，教学内容比较多，因此在教学中，老师们往往误入为了完成教学进度而教学的误区。常常按照教材的顺序进行章节独立教学，往往把中学地理三大主要教学模块自然地理、人文地理、区域地理各模块各自独立教学，彼此割裂。必修1、必修2、必修3三本教材按照章节顺序逐章逐节分开进行复习。比如：第二章的气压带和风带、季风环流、锋面与天气、低压（气旋）和高压（反气旋）与天气各节独立进行讲解，复习过程就是把知识点细化，很少教师能够把这些知

上篇 · 学思践悟 行致远

识和原理放在各种尺度区域中，放在各种真实的地理情境中进行教学。

改进措施：加强联系，突出综合

在教学中要坚持系统地理区域化，区域地理综合化的原则，加强各模块各章节之间的横向联系与纵向联系，突出地理学科区域性与综合性的特点。通过联系，把必修1、必修2的地理原理放在各种尺度区域去教学。如水循环这一节，可以设计这样的问题，引导学生思考：从水循环的原理分析全球变暖对北冰洋自然地理环境产生的影响；从水循环的原理分析全球变暖对中国西部自然地理环境产生的影响；结合材料，运用水循环的原理分析非洲乍得湖成为淡水湖的原因。这样必修1、必修2模块教学内容的复习通过与区域地理有机整合得到拓展和提升。

误区四：在案例教学上教师教案例，学生背案例

在案例教学过程中，往往存在教师教案例，学生背案例的误区。把课本中的案例素材当作知识体系来教，有些教师甚至要求学生背诵案例。案例教学过程常常忽视了案例知识的迁移教学、方法的迁移教学、思维的迁移教学，人地协调观的培养，地理实践力的培养，教学过程成为"为了教学案例而教学案例"。其结果是：学生思想僵化，解决地理问题只会生搬硬套，不懂举一反三，更不会在解决问题时加入自己的思想，从而导致地理学科核心素养难以形成。这种现象在必修3的教学中特别明显。如：必修3第二章《第一节荒漠化的防治——以我国西北为例》这节教学时，就要求学生背诵中国西北地区荒漠化的形成原因，治理荒漠化的对策和措施。必修3第三章《第二节流域的综合开发——以美国田纳西河流域为例》，就让学生背诵流域开发的背景是什么，开发带来的后果，流域综合开发的措施是什么。学生拿着这些所谓的"答题模块"，拼命地背诵，误以为如获至宝，其结果是吃力不讨好。这样还会导致另一误区，认为高中地理靠背诵就能搞定。

改进措施：巧借案例，引导迁移

他山之石，可以攻玉。巧妙借助典型案例教学，引导学生学会解读和获取地理信息，学会知识迁移，可以达到窥一斑而见全豹、举一反三的教学效果。这种教学方式可引导学生跳出死记硬背的狭小天地，有利于学生养成地理思维的能力：剖析典型案例，理清知识线索，并用于其他案例的分析。如从美国的商品谷物农业迁移到中国东北商品基地，从澳大利亚的混合农业迁移到中国珠江三角洲的基塘农业，从西欧、北美的乳畜业迁移到中国的郊区农业；复习冷锋与暖锋天气系统，试着让学生自己去理解准静止锋的概念、特点和对天气的影响。复习锋面系统和气旋系统，引导学生理解锋面气旋系统等，都有利于培养学生思维的敏捷性、灵活性和创造性。在知识迁移的同时，学生的地理思维也慢慢得到培养，并学会学以致用。

高考地理学科备考复习过程中常常存在一些教学误区，本文旨在抛砖引玉，引导更多的地理教师走出高考备考误区。希望老师们及早更新教育教学理念，轻装上阵，走出高考复习的误区，提高复习备考的效率。

区分尺度，把握差异

——一道高考地理题引发的思考

地理学是研究地理要素或者地理综合体的空间分布规律、时间演变过程和区域特征的一门学科。区域差异与尺度差异是地理学科认识地理事物最为独特的视角，掌握好这一技巧对于学生提高高考答题得分点，提升学生地理学科核心素养有着重要的意义。本文从一道高考题的答题剖析出发，归纳了如何区分地理问题的空间尺度，把握区域空间差异的方法。

一、高考真题再现

2019年高考全国卷Ⅲ文综地理试题第36题。

36. 阅读图文材料，完成下列要求。（24分）

德国鲁尔区曾是以煤炭、钢铁产业为主的传统工业区，经过综合整治，经济由衰落走向繁荣，环境污染严重的局面得到根本改善。目前，该区有500多万人口，50多座城市，老龄人口比重高居德国之首。该区医疗保健业发达，拥有100多家医院、近万名医生及数以千计的保健站、药店等。波鸿市人口近40万，是重要的生物制药基地，多所大学的医学研究处于世界领先水平。2009年，鲁尔区医疗保健中心落户波鸿市，并新建保健园。图5示意鲁尔区的城市建成区和波鸿市的位置，图6示意鲁尔大学、生物制药科学园和保健园在波鸿市的位置。

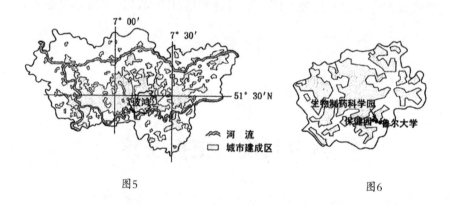

图5   图6

（1）略

（2）分析鲁尔区医疗保健业发达的原因。（6分）

（3）说明在波鸿市建设鲁尔区医疗保健中心的优势条件。（6分）

（4）指出波鸿市保健园选址的合理性。（6分）

为什么选择这组题目？因为这组题目较好地呈现区域空间尺度由大到小的变化，是一组典型的考查区域空间尺度与区域空间差异的题目。从第2题到第4题依次考查鲁尔区医疗保健业——鲁尔区波鸿市建设医疗保健中心——鲁尔区波鸿市保健园选址，考查的范围逐渐缩小，虽然问题都与医疗保健有关,但答案却是千差万别。教学实践过程中,我们看到高三学生往往把这三个问题看成同一个问题去回答,就是把三个问题都答成了"医疗保健业的区位选择",三个问题都是这样的答案:"德国经济发达,医疗保健业发达;人口老龄化,医疗保健市场需求量大;有多所医学类的大学,医学研究水平高。"这样的答案比比皆是,结果答非所问,差之毫厘,谬以千里。一方面是由于我们平常教学过程中强加给学生的答题模板惹的祸;另一方面是学生没有掌握"区域空间尺度"和"区域空间差异"的直接体现。

二、破题有法,贵在得法

从这一组高考题的答题情况看,学生出错的关键在于没有区分好不同地理问题的空间尺度,没有掌握区域空间差异的分析方法。因此破解此类地理题的要领是:"区分尺度,把握差异。"建议分成两步来完成答题。

第一步,要明确设问主体的空间尺度,把设问主体放在一定区域空间尺度中进行综合分析,尝试对地理问题进行设问角度转换,使题目要问的空间尺度展现出来。

如:第2题分析鲁尔区医疗保健业发达的原因。这道题设问的主体"鲁尔区","鲁尔区"是针对整个德国而言的。所以问题就可以转换为:从德国全国来看,为什么鲁尔区医疗保健业发达?

第3题说明在波鸿市建设鲁尔区医疗保健中心的优势条件。这道题设问的主体"鲁尔区的波鸿市","波鸿市"是对比鲁尔区而做出的选择,而不是整个德国。所以问题就可以转换为:从鲁尔区来看,波鸿市建设鲁尔区医疗保健中心的优势条件。

第4题指出波鸿市保健园选址的合理性。这道题设问的主体是"保健园",而不是波鸿市,更不是鲁尔区,保健园的选址是比较波鸿市这座城市内部空间位置而做出的选择。所以问题就可以转换为:从波鸿市来看,波鸿市保健园选址的合理性。

第二步，把握地理空间差异，通过比较法分析各种区域独特的地理环境特点。

第2题分析鲁尔区医疗保健业发达的原因。（从德国全国来看，为什么鲁尔区医疗保健业发达？）这里我们需要比较的是，鲁尔区与德国其他地区相比，有何独特的地理环境特点。结合材料，我们可以推出如下结论：鲁尔区对比全国，是德国重要的工业区，是德国经济相对发达的地区，其医学研究水平高；鲁尔区对比全国，是曾经环境污染比较严重的地区，大众的身体健康问题更多，对医疗保健需求更高；鲁尔区对比全国，老龄人口比重大，对医疗保健需求更大。

第3题说明在波鸿市建设鲁尔区医疗保健中心的优势条件。（从鲁尔区来看，波鸿市建设鲁尔区医疗保健中心的优势条件。）我们需要比较的是，波鸿市与鲁尔区其他地区相比，有何独特的地理环境特点。结合材料，我们可以推出如下结论：波鸿市与鲁尔区其他地区相比，位置适中，有利于医疗保健和医学研究、医药生产间的联系和相互促进；有多所大学（高等院校），医学科研力量更加雄厚；有生物制药科学园，医药研制水平高。

第4题指出波鸿市保健园选址的合理性。（从波鸿市来看，波鸿市保健园选址的合理性。）我们需要比较的是，保健园与波鸿市其他地区相比，有何独特的地理环境特点，结合材料，我们可以推出如下结论：保健园靠近生物制药科学园和鲁尔大学，可提供知识和技术支撑；保健园位于城市边缘，环境安静。

三、同类拓展，反复训练

"区分尺度，把握差异"，两步做题法可以广泛应用到我们的教学实践当中。我们可以通过真实的问题情境，进行同类拓展，反复训练学生，使学生真正拥有区域差异与尺度差异这种独特的地理视角。

2019年高考地理全国 I 卷也有类似的题目。如第36题第（1）小题说明澳大利亚汽车生产存续期间，整车和零部件工厂布局在东南沿海地区的有利条件。我们参照前面所讲"区分尺度，把握差异"两步做题法，先把问题转换为："从澳大利亚全国来看，说明澳大利亚汽车生产存续期间，整车和零部件工厂布局在东南沿海地区的有利条件。"然后通过比较法找出东南沿海地区对比澳大利亚全国独特的地理环境特点：澳大利亚东南沿海地区，对比全国其他地区，开发较早的城市地区，基础设施齐全，易于配套；人口密集，经济发达，是主要消费市场；劳动力充足；临海，港口多，交通运输方便。

第2题分析澳大利亚汽车市场对每种品牌和车型的车辆需求都较少的原因。这道题则应该转换成："从全世界来看，分析澳大利亚汽车市场对每种品牌和车型的车辆需求都较少的原因。"然后同样通过比较法找出澳大利亚这个国家独特的地理环境特点：与世界其他国家相比，澳大利亚人口少，市场规模小；澳大利亚国土面积大，自然环境多样，对车的种类和型号要求多样；澳大利亚国家进口政策放宽后，国外汽车品牌进入加剧了本土汽车市场竞争，消费者偏好趋于多元化。

地理事象都是发生在特定的时间和空间背景下的，不同时空下的地理事象又具有明显的差异性。因此"时空尺度"与"空间差异"视角有助于人们正确认识地理事物。教师在平时教学中要强调地理问题的具体背景，要区分地理事物时间和空间尺度，把握好区域空间差异，要教会学生运用全面的、发展的、动态的眼光看待地理问题，避免把地理知识程式化和凝固化。

基于新课标的初中地理教学目标设计方略

　　当前广东省初中地理教学正处于"新课标、旧教材"的过渡时期，不少初中地理教师对于如何进行课堂教学目标设计比较茫然。结合广东省初中地理学科教研基地（潮州市）的教学调研和课堂观察，我们发现初中地理教师的课堂教学目标意识薄弱，在设计课堂教学目标方面仍存在诸多方面的问题，急需改进。本文针对当前课堂教学目标设计存在的问题并提出教学目标设计要求与方法。

一、当前初中地理课堂教学目标设计存在的问题

1. 初中地理课堂教学目标意识薄弱

　　从潮州市教育研究与教师发展中心和广东省初中地理学科教研基地（潮州市）的教学调研和课堂观察来看，当前不少初中地理教师课堂教学目标意识薄弱，对于课堂教学要"学什么""学到什么程度""怎么学怎么教""怎么评"，教师心中无底，学生更加茫然。地理教师教学也会有"教学目标"，但教学目标只局限于教教材中的知识。简单来讲，教师理解的目标就是教教材中的内容，让学生理解和记住教材中的知识点，这样的目标意识远远达不到课标的要求。

　　案例：如某教师在上《世界人口》这一课时，对世界人口分布特点

进行了这样的教学。先让学生结合世界人口分布图，找一下世界人口密集区是哪些地区，世界人口稀少地区又是哪些地区。然后学生结合教材中内容进行了回答。最后老师要求学生记住世界人口密集区是东亚、南亚、西欧、北美，世界人口稀少地区是两极和高山高原、荒漠区。

通过这一段教学，我们很明显可以看出教师课堂教学目标指向知识，只是要求学生记住"世界人口密集区和人口稀少地区"这样的结论性知识。但地理新课标是这样写的："运用地图和相关资料，描述并简要归纳世界人口空间分布特点。"这一段课标是要求教师要让学生学会描述世界人口分布特征的方法，并掌握归纳世界人口分布特点的要领。因此我们可以看出教师的教学目标意识薄弱，对"学什么""学到什么程度""怎么学怎么教""怎么评"等问题没有深入思考并开展教学实践。

2. 教学目标设计层次太低

虽然义务教育课程方案和课程目标已经颁布一年，但是不少教师的教学目标设计依然使用的是"双基"或者"三维"目标教学设计，这样的教学目标是知识导向而非素养导向，缺乏对学科逻辑和学习逻辑的整合。

案例：以《日本》这一节教学为例，某教师进行了这样的教学目标设计："能够在地图上说出日本的地理位置，领土组成和首都；能够根据地图，描述日本的地形、气候、河流等自然环境的特点；知道日本是一个多火山地震的国家。"教学的重点是："日本的地理位置和领土组成。"

透过以上的教学目标设计，我们可以看出这位老师的教学目标是仍以"双基"为目标，教学目标设计明显层次较低，而重点放在日本的地理位置和领土组成，更是典型的知识立意教学。从行为动词上看，"说出、知道"这样的要求，明显达不到课标对学生学科素养培养的要求。

3. 教学目标设计缺乏系统性

教学目标是一个系统工程，由课程总目标决定，包括课程目标、单元目标和课时目标三个层次。不少初中地理教师进行教学目标设计时只看到了课时目标，而没有看到单元目标，更没有看到课程总目标。所以章节之间明显断裂，课与课之间联系较少，知识间碎片化严重。

案例： 以《东南亚》为例，某教师开展教学，做了这样的课时目标设计：

第一课时目标：能在地图上找出东南亚的位置、范围和主要国家；能够说出东南亚地理位置的特点和重要性。

第二课时目标：能够说出东南亚的气候特点及气候对该地区农业生产和生活的影响。

从这两节课的教学目标设计上来看，一方面缺乏单元统整的目标，我们有必要增加这样的单元教学目标："以东南亚地区为例，运用地图和相关资料，学会描述一个地区的地理位置，简要归纳其自然地理特征的方法。结合实例，说明东南亚自然环境特征对该地区人们生产生活的影响，在此基础上初步学会认识地区地理特征以及人地关系的基本方法，初步认识到尊重自然保护自然的重要性。"另一方面目标设计的明显层次太低，教学目标依然是知识立意，只是要求学生能够"找出、说出"地理事物，未能达到培养学生的学科素养的要求。

4. 教学目标表述不规范

由于当前初中地理教学正处于"新课标、旧教材"的过渡时期，不少教师对于教学目标比较迷茫，不知道该如何表述，因此在教学目标表述中出现了各种各样的版本，存在不科学、不规范的表述。

案例： 以《等高线与地形图的判读》为例，某教师设计的教学目标如下：

知识与技能目标：教会认识绝对高度和相对高度；认识5种基本地形类型。

过程与方法目标：掌握在地图上识别地形的方法。

情感态度价值观目标：培养学生用科学的方法解决生活中实际问题的能力，培养学生地理空间思维能力。

从这一段教学目标的设置上，首先从主体表述上，主要考虑的教师的"教"而非学生的"学"；从立意上是以"三维"目标为导向而非以学科素养为导向，缺乏对育人价值认识和落实的整体考虑；从教学重点上落在知识点，而非学习过程，因此缺失学习过程的评价；从行为动词上，缺乏可操作性的动词描述，难以对学习结果作出测量评价。

二、初中地理课堂教学目标设计的要求

结合以上教学目标设计存在的问题，初中地理课堂教学目标设计的基本要求：素养导向，有据可依，切实可行，明确具体，规范表述。

1. 素养导向

教学目标设计要从"双基"和"三维目标"转向"学科素养"，要从学科知识转向学科思维，要从学科育分转向学科育人价值，从而使课堂教学不断地回归人、走向人、关注人。

2. 有据可依

教学目标是通过教学后应该可以表现出来的可见行为的具体明确的表述。初中地理课堂教学目标确立的依据是中国学生发展核心素养、学科核心素养、义务教育课程方案、义务教育地理课程标准、初中地理教材、学生学情分析等方面。进行地理课堂教学目标设计时，既要考虑学生的地理学科素养，也要着眼于学生全面发展的学生发展核心素养；既既要考虑地理学科课程目标，也要考虑到义务教育总体育人目标。要符合初中地理新课程标准的"内容要求""学业质量"要求进行设计，参考新课程标准中的"教学提示"开展教学目标设计；同时也要符合各学校各班级的校情学情特点因材施教，从学生最近发展区出发进行教学目标设计。

3. 切实可行

课堂教学目标应依据课程标准，对课程标准进行细化和分解，设计出来的教学目标是切实可行的，不超标的。从教学目标的数量上以3～5个为宜，教学目标太少会导致课堂教学容量不足，教学目标太多会导致

大多数学生无法达成目标；教学目标要突出重点，避免教学平均使力。教学目标要适合全体学生的实际，对于所有学生（至少绝大部分学生）来说是能够达成的。要以学情分析为前提，进行个性化的教学目标设计，学生"跳一跳，够得着"。

4. 明确具体

教学目标是可观察和测量，而不是笼统而含糊，是教学目的的具体表述。这就要求教师进行教学目标设计时，准确解读初中地理课程标准，把握地理学科内涵，从整体上理清楚各章各节之间的关系，分析内容之间的知识逻辑，明确核心的教学目标。细化单元整体教学目标，体现学习过程和能力提升过程，明确学习路径和行为表现，可操作、可测评。

在进行教学目标表述时应准确使用可观察、可测量的外显化的行为动词，使教学目标明确具体。从教师维度看，教学目标的设计就是地理教师通过解读、反思、调整等可视化的方式让地理学习目标"可见"；从学生维度看，学生通过理解、反馈、认同等过程将地理教学目标内化为地理学习目标，实现从"他主"变为"自主"。

5. 规范表述

教学目标设计撰写要体现四大要素：一是谁来学？（行为主体是学生）二是学什么？（学习行为的目标内容）三是学到什么程度？（行为表现以动词的形式表述）四是怎样学？（行为条件在什么条件下学）。简单地说，就是谁在什么条件下学什么，以及学到什么程度。

撰写的一般格式：

学生（有时隐去）通过什么情境+行为动词（要评测的行为表现+程度）+形成（学业质量）。

例如：学生能够借助相关资料以及教具、学具等，描述人类认识地球形状的过程，领悟求真务实、勇于创新的科学精神。

三、初中地理课堂教学目标设计的步骤与方法

初中地理课堂教学目标设计一般分"四步走"：一是分析课标；二是理解教材；三是分析学情；四是撰写目标。

下面以初中地理《长江》一节为例，来介绍如何走好这四步。

1. 做到心中有标，深刻领会课标要求

撰写《长江》这一节的教学目标前，我们需要深刻领会课标要求。从初中地理新课标主题五认识中国的"内容要求"中能找到"运用地图和相关资料，描述长江、黄河的特点，举例说明其对社会发展和人们生活的影响"。根据课标，引导学生运用地图和资料，说出长江的概况，并通过对长江水系、水文特征的分析，学会河流水系、水文特征的一般分析方法：运用具体案例说出长江开发利用方向和需要防治的主要问题及具体措施，形成因地制宜发展的河流开发与防治理念。通过对"长江"的学习，激发学生民族自豪感和爱国热情，以及立志为祖国建设贡献力量的责任感和使命感。从河流与人类活动关系的角度，说出长江对我国社会经济发展的影响，树立人地协调、可持续发展的意识。

2. 做到胸中有书，全面理解教材特点

我们要通读初中地理四册教材，宏观把握教材编写的内在逻辑关系。本单元是八年级上册第二章《中国的自然环境》，本章教材编写充分考虑与七年级有关亚洲内容的呼应，在自然环境方面，中国地理重点选择的自然要素包括地形、气候和水文，这比世界地理中着重讲气候要素广得多，教学中一方面要突出课程标准"案例"分析的学习思路，另一方面对我国自然环境基本特征的理解，既要引导学生归纳、综合得出，又要引导学生通过与世界有关国家比较得出。引导学生通过对自然环境的学习，激发对祖国大好山河的自豪感。

3. 做到目中有人，全面准确把握学情

全面准确把握学情，要结合各校各班的学生开展课前学情分析。八年级的学生通过一年的学习，已经具备了学习区域地理的一般方法，

具有一定的读图析图能力。在前面两章地形、气候的学习中也已了解地形及气候对河流的影响，学生对长江并不陌生，从小学以来所接触的诗文、电影及有关的歌曲中，对长江有一定的了解，所以学习比较轻松。但学生对于长江上游水能资源的形成原因和中游"九曲回肠"的成因理解起来有一定难度，需要进一步引导学生发现问题、解决问题。

4. 做到手中有尺，科学制定教学目标

基于前面三步的分析，紧扣教学目标设计的要求，我们对《长江》这一节内容做出以下教学目标设计。

运用长江流域图等相关地图资料，找出长江的发源地、注入的海洋以及上、中、下游的分界点、流经的省区、地形区等基本概况，初步形成分析区域地理的能力。运用长江流域水系图，结合中国的地形、气候资料，分析长江主要水文特征，建立用综合思维分析河流水文特征的方法；针对长江不同河段的突出水文特征，说出具体的开发利用方向和需要防治的主要问题及具体措施，形成因地制宜发展的河流开发与防治理念。通过阅读相关图文资料，分析长江对我国社会经济发展的影响，树立正确的人地协调观。

中学地理情境教学法的运用

在新一轮新课程改革中，《普通高中地理课程标准（2017年版）》明确提出了高中地理教学要重视问题式教学。在高中地理问题式教学中，地理问题的设计都需要依托一定"情境"来实现，地理情境教学法由此应运而生。可以说，"情境教学"已成为当今高中地理教学改革的重要内容，地理核心素养、地理学业质量水平都是依托"问题情境"教学来实现的。地理核心素养是学生在面对复杂的、不确定的现实生活情境时，综合运用地理学习方式下所孕育出来的——学科观念、思维模式和探究技能，结构化的学科知识和技能、世界观、人生观和价值观在内的动力系统。地理学业质量水平主要表现为学生在不同复杂程度的情境中运用各种重要概念、思维、方法和观念解决问题的关键特征。可见"情境教学"在新一轮教学改革中起到举足轻重的作用，高中地理课堂教学的重点是以创设不同的学习情境为"场"，使学生在解决情境问题中，体会和感悟地理学科的思想和方法，培养创新精神，提高学生地理实践能力，最终实现立德树人的根本任务。

一、当前情境教学法在高中地理课堂实施中存在的问题

1. 情境设置缺乏必要的要素

情境设置需具备有时间、有空间、有情节、有问题四个要素，具体包括日常生活情境、给定的地理事象或情境、给定的复杂地理事象或情境、现实（复杂）的问题等。然而，在一线的课堂听课过程中，我们常常发现老师设置的情境并非真实的地理情境，或者情境设置缺乏必要的要素。例如：有的老师设置了这样的问题情境。"潮州市区暴雨引发城市内涝，运用水循环的知识，讨论原因并提出应对措施。"这样一个问题情境就缺乏必要的时间要素，如某年某月潮州市连日暴雨引发城市内涝；问题的设置区域尺度是潮州市，是从整个城市尺度上去讲城市内涝，缺乏具体的地点要素，如果增加潮州市区哪些地段发生了内涝，配上当天的城市内涝真实照片，效果会更好一点。再比如，2016年全国新课标1卷中第43题："古乡沟位于青藏高原东南部，上游地区有6条冰川，沟谷有厚度达300多米的堆积物。中游河谷狭窄。冰川末端深入森林带。每年夏秋季常有冰川泥石流暴发，其破坏力在世界上是罕见的。分析古乡沟夏秋季节冰川泥石流破坏力巨大的原因。"这个问题情境设置具备了四个要素：时间为每年夏秋季节，地点是小尺度的青藏高原东南部古乡沟，情节是古乡沟位于青藏高原东南部，上游地区有6条冰川，沟谷有厚度达300多米的堆积物。中游河谷狭窄。冰川末端深入森

林带。每年夏秋季常有冰川泥石流暴发，其破坏力在世界上是罕见的。问题是分析古乡沟夏秋季节冰川泥石流破坏力巨大的原因。各要素具备，真实可触摸的问题情境才能让学生真正做到"入境"，解答真实的地理问题。

2. 情境资源开发程度低，情境单一

当前高中地理课堂教学仍有不少老师利用单一、老套的素材进行教学，有的老师讲了十年课，用的依然是十年前讲课的素材，十年不变。如讲珠江三角洲农业，就只讲桑基鱼塘。一者情境资源开发度低，二者珠江三角洲农业早已发生了翻天覆地的变化。珠江三角洲农业地域类型发生了变化，城市郊区农业的生产对象发生了变化，农业生产成本提高，农业技术水平日新月异，农民的素质正逐步提高，等等。而讲到中国民俗，有些老师收集了许多中国各地的名菜系，各种菜名的图片，课堂上让学生观看了这些图片，也不设问，就是简单的感知。讲到外力作用，老师收集了各种外力作用形成的地貌图片，然后认识一下哪些是侵蚀地貌，哪些是堆积地貌，然后就跳过了，没有进行合理的设问。老师们在地理教学中普通反映缺乏情境资源，或者认为情境资源自主开发难度较大。

3. 为联系生活而杜撰生活

新课程标准强调问题情境选择时要贴近学生的认知水平、生活实际和社会现实，学生学习与实际生活之间建立紧密的联系，教育要立足于生活，从生活中的问题出发。基于这样的理念，老师们在教学中都会有意识地联系生活，开展乡土地理教学，这无疑能促进学生关注生活，热爱生活。但是有些老师却为了联系生活而杜撰生活，虚构地理情境，这就严重违背了地理教学的科学性。如：网络上找来一张常绿阔叶林的照片，就说这是本地的自然植被，拿一张针叶林的图片，就说这是亚欧大陆北部的针叶林。黑板上画个简图，就可以假设这是某某大洲，问这里的气候类型和成因是什么。"早上风很大，大家想想这是海风还是陆风？"随意地发问，创设虚构地理情境在课堂教学中常有发生。这样的教学，材料本身就不具备科学性，如何能够得到科学的结论，我们又谈何培养学生核心素养？

二、高中地理情境教学法运用的建议

1. 做好情境的素材积累和选择

"要给学生一杯水，老师要有一桶水。"这虽是老生常谈的话题，却深含教育哲理。地理教学情境资源不能凭空得来，必须靠高中地理教师去研究开发，这就需要我们地理教师注重情境的素材积累和选择。我们如何选择素材，又如何积累呢？这一方面我们可以透过全国高考文综地理题，管中窥豹，略见一斑。

（2018年全国文综Ⅲ卷）油纸伞是我国非物质文化遗产，采用传统方法，全手工制作。油纸伞以竹为骨，以纸或丝绸为面，刷桐油以增强韧性并防水，但长期置于干燥环境中易变脆、开裂。近年来，油纸伞走俏国际市场。据此完成1～2题。

1. 与现代钢骨布面伞相比，油纸伞走俏国际市场依赖的主要优势是（   ）

    A. 携带方便   B. 适用地广

    C. 文化蕴涵   D. 经久耐用

2. 下列地区中，宜作为油纸伞重点推销市场的是（   ）

    A. 欧洲西部   B. 中亚

    C. 中东   D. 撒哈拉以南非洲

油纸伞是我国重要的非物质文化遗产，传统方法全手工制作。情境以区域自然环境和人类生活为问题线索，问题以地域物产和生产技艺为思考对象，以经济文化发展和国际视野为发展战略，让学生体验历史文化与现实生活，把古人的环境意识与生活智慧，今人的生存境遇和发展理念建立的智慧生存体系在核心素养上灵活体现，不失为问题情境设置的精彩一笔。

从各种试题情境的素材来源上看，素材情境大致有以下三种：联系

上篇　学思践悟行致远

学生日常生活的情境、地理与生产生态联系的情境，地理学术情境。因此作为高中地理老师要做一名情境素材积累和选择的有心人，做好以上三方面的情境素材积累。地理老师要进行广泛的阅读和积累，在此基础上，选择与地理有关的实验、学术问题、故事、史实、新闻、报道、实物、图片和影像资料等，为高中地理课堂教学创设出生动活泼的学习情境，增强课堂教学的趣味性、生动性、新奇性、新颖性、形象性和实效性，以提高课堂教学效率。

2. 精心设计情境案例的地理问题

"学起于思，思缘于疑"，问题式情境教学法，设计问题是基础，关键在"问"，"问"在关键处。问题式情境教学法问题的设计要基于课程标准，基于地理学业质量水平评价，基于各地各校各班学生实际，精心选编地理问题。特别是设置各种具有启发性、创新性的问题，这不仅能提高教学的有效性，还能调动学生思维的积极性和主动性，培养其创造力，对学生地理核心素养的培育具有深远意义。那么什么样的设问是好的设问呢？从设问的原则上看，有五条原则：适宜性原则，学生摸得着；成熟性原则，答案没有争议；基础性原则，突出地理主干；生活性原则，解决实际问题；放弃难、偏、怪，让学生感受到学习的成果，增强学习的兴趣。

余秋雨《我的山河》："干燥和湿润发生了摩擦，寒冷和温暖拔出了刀戟，马鞭和牛鞭甩在了一起，草原和庄稼展开了拉锯……"

1. 根据案例材料，推测文中描述的地点最可能是中国哪个区域呢？

2. 中国三大自然区域划分的依据是什么？

3. "草原和庄稼展开了拉锯"，中国农牧过渡地带生态环境的问题有哪些？如何实现农牧过渡地带的可持续发展？

此情境案例在设问上层层递进、环环相扣，考查考生的区域认知能力，形成从区域的视角认识地理现象的意识与习惯，形成因地制宜进行区域开发的观念。

又如：2017年全国文综I卷37题地理科考队调查某山峰的阴、阳坡植物多样性差异。探讨四个层次的问题。问题设计现场感、参与性强，体现了地理学科的实践功能与应用价值。第1小题寻找特征（干扰强度分布特征：随海拔升高而降低）；第2小题比较差异（未遭受干扰时，阴坡较阳坡植物多样性高），说出判据（阳坡苔原带的植物多样性最高值应在中部，低于阴坡最高值）；第3小题分析原因（阳坡太阳辐射强，地表温度高，蒸发强度大；阳坡融雪早，蒸发历时长）；第4小题深层探究（随着海拔升高，阴、阳坡面积减小，坡面差异对植物多样性的影响减弱；阴、阳坡相互影响增强）。这四个"链式追问"环环相扣，层层推进，从地理实践力以及考查学生学科专业术语对问题进行了精心的设计。

3. 教会学生融入问题情境的答题方法

在高中地理教学过程中，老师们都热衷于帮学生总结一些答题模板，这些成型的套路在很多时候是可以拿来用的，尤其是常规题型，均有部分模板可以套用，例如养殖业可以从前几年全国高考课标卷中的卤虫、鲈鱼、熊等题目中归纳出"生存空间、食物来源、水源多少、食物链、特殊生存条件"等角度形成模板来回答。但是真实的问题情境总是具有不良结构，并且问题设计的角度往往跳出了常规模板。从地理学科核心素养培育的角度看，教会学生"破模"才能实现学以致用，这才是情境教学法的精要所在。在情境学习中要引导学生真正实现入情、入理、入境、入心，在具体组织问题答案时，才不会生搬硬套模板。

例如：2016年新课标I文综高考试题第36题。

茉莉喜高温，抗寒性差，25℃以上才能孕育花蕾，32℃～37℃是花蕾成熟开放的最适温度。喜光。根系发达。生长旺季要求水分充足，但土壤过湿不利于其根系发育。

（1）与江苏、浙江相比，说明横县有利于茉莉生长的气候条件。（6分）

这道题目，学生按照常规模板进行回答问题：就是有利的气候条件分为气温、降水、光照等。按照这种模板套上去就是："横县为亚热带季风气候，夏季高温多雨，雨热同期，降水丰富，光照充足。"采用这种答法的学生比比皆是，而这种答法基本没有分数。"破模"的关键在于教会学生精准审题，敏锐捕捉题目中的关键信息"与江苏、浙江相比"，答案的关键点要有"比"的要素，如"高温期较长、高温期湿度较高、冬季受寒潮影响较小、气温较高"，突出关键词"长""高""小"；"破模"的另一个关键点是问题答案"打上具体区域的烙印"，回到横县的区位问题。"横县位于北回归线以南，高温期较长；江浙一带或梅雨期过湿，或伏旱期过旱且时有超过37℃的高温。和江浙一带相比，横县高温期湿度较高；横县所处的纬度以及北方受地形影响，冬季受寒潮影响较小，气温较高。"这种方法我们可以总结如下：精准审题、解读信息、归纳要点、理清逻辑、表达出相关的地理思维链条，让人知道你回答的是这个区域的问题，而不是背记的模板，这是回答问题的法宝。

三、情境教学法在高中地理课堂运用中应注意的问题

地理学科具有综合性和地域性的特点，使情境教学法在高中地理课堂运用范围非常广泛，几乎涉及各个领域，一线教师运用起来却总觉得难度很大，关键是没掌握好要领。从新课程改革要求与地理学科特点看，情境教学法在高中地理课堂运用中应注意以下几点：

1. 明确情境教学的目标

情境教学法是一种教学方法，不是教学目的，教师必须根据地理学科核心素养、地理学业质量水平和学生的实际情况进行情境设定。必修阶段达到学业质量水平1、2，选择性必修阶段达到学业质量水平3、4。注意学业质量水平2是高中生应该达到的合格要求，学业质量水平4是选择地理作为学业水平等级性考试科目的学生应该达到的要求。在高中地理课堂教学中，要根据内容学业质量标准要求创设情境。教师要根据教学实际，进行情境设计，通过增加材料内容，提高复杂程度，提升情境的水平。区分好日常、熟悉生活情境；给定简单地理事象或情境；给定

复杂地理事象或情境；现实中地理事象等四种问题情境所代表的学业质量水平要求，根据教学目标选择适当的教学情境。

2. 选择情境素材的原则

什么样的地理情境素材是好的？从选材的原则上看，情境素材一定要真实。如：日常生活的情境、地理与生产联系的情境、地理学术情境、地理实验、地理野外活动等。特别关注能够体现时代性、全球性的地理问题，如气候变化、极端气候、水资源短缺、沙尘暴、雾霾、产业转移、工业转型、去库存去产能、"一带一路"倡议、中国高铁走出去、大湾区建设等重大主题，这些都是非常值得研究的真实地理情境。情境案例要具有典型性，特别注意关注普遍性中的特殊性。例如："试对河上很少有桥这一现象做出合理解释。""为什么湿润地区出现沙漠，也叫'天漠'？""赤道地区为什么出现企鹅？""为什么马达加斯加岛没在赤道附近，却分布着热带雨林？""为什么索马里洋流自低纬向高纬流动是寒流？"情境案例一定要包含地理性，反映区域性和综合性。这是不言而喻的，地理问题一定要有地理性，否则就不是地理问题了。从这一原则看，选材上要突出地理学科主干知识。自然地理方面注重地理事物的成因，重视知识迁移能力的培养；人文地理方面要抓住核心知识，拓展知识的联系，结合热点分析问题；区域地理方面通过比较和综合分析，抓住区域特征的本质，进而有效解决相关问题。

3. 学会情境素材的加工

教师对情境素材加工要注重科学性和艺术性。情境材料加工要尽量做到立意深远；情境素材文字尽量做到表达简洁、流畅、准确、优美；情境提供的图像要尽量做到清晰、标准、具有视角美感。如2016年高考海南卷：第22题华北地区传统民居大多坐北朝南，房前多植落叶阔叶树，而不植四季常绿的松柏等针叶树。

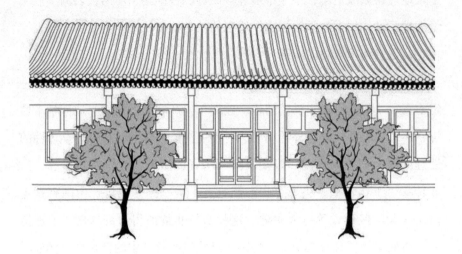

问题设置为："解释华北地区传统民居的房前多植落叶阔叶树，而不植松柏的地理原因。"这种情境设置文字表达简洁，图文并茂，将自然地理与传统文化完美结合，信息丰富，对问题的支撑作用强，关注生产生活与地理学科知识的联系。因此我们在对情境材料加工时，可以模仿高考真题的问题情境，对收集的情境材料进行语言加工，使其题解精准干练，信息充分；同时也要学会修图和简单的制图；对于设问，更要做到反复推敲，使设问的角度较新，能够深刻挖掘地理事物内在逻辑链条的设问。

随着新课程改革的进一步推进，高中地理情境教学法将广泛运用到我们的高中地理课堂教学当中。情境教学法重在创设复杂、开放性真实问题情境，这要求老师要拓宽素材来源渠道，不局限于地理学科，材料加工则要注重"鲜活"，淡化"专业"痕迹；情境教学法关键在于"发问"，要精心设计贴近教学实际地理问题，设置具有启发性、创新性的问题。

比较法在中学地理教学中的运用

比较法是人类逻辑思维方式之一。在高中地理教学中，运用比较法教学就是通过对各种地理事物、规律、原理进行比较分析，经过思维加工处理，使学生准确无误地掌握地理事物的共性和个性差异特征的方法。比较法在高中地理教学中的运用无处不在，应用简便，适用范围广，并具有高度的科学性和较强的逻辑性，不但教师乐于运用，而且学生也容易接受。比较法教学有利于学生认识地理事物和现象的内在联系；有利于学生认识地理事物的本质特征；有利于使教材形成系统，便于巩固记忆；有利于发展学生的地理思维。

地理新课程标准的实施对高中地理教师提出了更高的要求，要求教师灵活运用教材，广泛利用地理事实材料，使学生学会学习，因此地理教师在教学中有更高的自主性，比较法在高中地理教学中的运用显得更突出。

一、在地理学科专有名词教学中运用比较法，使学生能更准确把握地理概念的本质属性

地理概念和地理专有名词是地理学科的主干知识，不少学生不能准确无误把握好地理概念的本质属性。在高中地理教学中，容易混淆的地理概念可采用比较法教学。如恒星与行星：恒星是宇宙间最基本的天体之一，其在天球上投影的相对位置对于人类的短暂生命来讲是不变的，故称恒星。但由于地球自转，恒星也东升西落。行星是围绕恒星运行的天体，其在恒星组成的天空背景中有明显的位置移动，故称行星。星座恒星星光闪烁，行星在星空中有明显的相对位移。回归年与恒星年：回

归年是太阳直射点回归运动的周期，时间是365日5时48分46秒；恒星年是地球绕日公转360度所需要的时间，是365日6时9分10秒。厄尔尼诺与拉尼娜现象：厄尔尼诺现象是赤道东太平洋海水温度异常偏高的现象，拉尼娜现象是赤道东太平洋海水温度异常偏低的现象。两者都会引起世界各地的气候异常，如厄尔尼诺现象发生时，南太平洋东岸降水偏多，西岸降水偏少。地质作用与地质构造：地质作用是由于自然界的原因引起地壳及其表面形态不断发生变化的作用。可以分为内力作用和外力作用。地质构造是地壳运动引起的地壳变形变位，有褶皱和断层。公平性与共同性：都是可持续发展遵循的原则。公平性包括同代人之间、代与代之间、人与其他生物种群之间、不同国家和地区之间的公平。共同性指地区性问题会转化为全球性问题，强调全球性问题和全球合作。人口流动与人口迁移，前者是未改变定居地的人口移动。如旅游、度假、购物、出差等。后者是指一定时期内人口在地区之间作永久或半永久的居住地的变动。二者的区别表现在是否有较长时间变动居住地。

类似还有地震与地震波、西风漂流与南极环流、暴雨与风暴潮、台风与飓风、海陆风、山谷风、季风与季风气候、焚风与干热风。通过这样的对比分析，学生能更准确无误地把握地理概念的本质属性。

二、在区域地理教学中运用比较法，使学生更深刻理解区域的地理特征

在区域地理教学中运用比较法教学就是对两个或两个以上地区有关的地理要素做系统比较和全面分析，找出它们的共性和个性差异特征的方法。通过比较，不仅可以使学生对两种或两种以上的地理要素有一个完整、系统的理解，而且有利于培养学生的综合分析能力。例如，我们可以将同为地广人稀的移民国家加拿大和澳大利亚在地理位置、地形地势、气候、矿产品和农产品、人口和经济的分布等各个方面通过列表的形式进行系统比较和全面分析。我们也可以将非洲和南美洲区域采取比

较法来进行教学活动，设计出如下的比较项：非洲和南美洲气候特征比较及其原因分析（干热/湿热）对比；两洲热带雨林气候区的成因比较（地形、洋流）；资源异同比较；人种比较、增长率比较；经济特征比较；这样有利于引导学生把零散的知识点构成知识网络，找到它们之间的内在联系，培养由此及彼、由局部到整体的思维方式，从而提高学生的逻辑思维能力。

同样地，我们也可以对日本和英国这两个经济发达的岛国进行系统比较；对印度和巴西这两个经济体系比较完整的发展中国家进行系统比较；对组成东南亚地区的中南半岛和马来群岛这两部分在气候类型、地形特点及成因等自然环境方面进行比较分析，等等。此外，加拿大与澳大利亚的地理状况、意大利新兴工业区与传统工业区、我国鞍钢与宝钢的区位特点等，通过对比，既可获得某地区的地理概况，又可认识不同地区间的区别和联系。

三、在案例教学中运用比较法，以提高学生知识的迁移能力和综合分析能力

案例教学中运用比较法教学，就是将学科思维与新案例情境建立正确的联系，实现知识有效迁移的方法。这种方法常用于解决区域对比的问题，如区域发展有利和不利条件分析，区域发展面临的问题和解决措施。运用这种教学方法的关键环节是找到不同区域发展的共性特征和区域发展的差异。找到共性特征是实现知识迁移的前提，找到差异是提升学生综合分析能力的关键。如借鉴德国鲁尔区的发展经验，不难分析出振兴我国东北老工业基地的措施。我国东北老工业基地与德国鲁尔区都是依托当地丰富的资源和便利的交通、充足的水源发展起来的。因此，可以借鉴德国鲁尔区调整产业结构，促进经济结构多样化；调整工业布局；发展科技水平高、技术精良的新兴产业；防治污染，美化环境，促进经济、社会、环境的协调可持续发展。但是我国东北工业区与德国鲁尔区的发展也有不同的条件：我国东北工业区

上篇　学思践悟行致远

煤铁资源丰富，德国鲁尔区煤炭资源丰富，接近铁矿地；我国东北工业区交通便利，尤其是铁路运输，而德国鲁尔区内河航运发达；我国东北工业区国内市场广阔，鲁尔区的产品主要销往国外。通过差异分析，我们找到一些发展不同的措施。比如，东北工业区要进一步改善铁路交通，完善交通网，进一步开拓国际市场，提升市场的竞争力。又如，在农业地域类型的复习中，我们可以从阿根廷的大牧场放牧业迁移到我国内蒙古草场畜牧业，中国内蒙古草场畜牧业可以借鉴阿根廷的大牧场放牧业哪些经验。从美国的商品谷物农业迁移到中国东北商品基地，从西欧、北美的乳畜业迁移到中国的郊区农业，案例教学中运用比较法，在区域比较分析中学会知识迁移，提升学生的地理综合分析能力。

四、引导学生在自主学习中运用比较法提出地理问题，并解决地理问题，培养学生的创新思维能力

引导学生在自主学习中运用比较法提出地理问题，是指地理教师在教学中要有意识地培养学生提出地理问题并解答地理问题的能力，这有利于提高学生的创新思维能力。如日本区域地理教学中，要引导学生提出这样的问题：日本的工业布局类型及其原因分析，这种工业布局与德国工业布局有何不同？与俄罗斯工业布局又有何差别？受哪些地理因素影响？日本的农业现代化与美、加、澳比较有何不同点？试从可持续发展观点评价日本与德国人口。世界主要棉花种植地：中国五大商品棉基地、美国的棉花带（35°N以南）、中亚乌兹别克斯坦（"白金之国"）、印度的棉花、埃及长绒棉，可引导学生将这些棉花种植区串成一线并提出这样的问题：这些种植的区位共性是什么？（①光热充足、太阳辐射强；②有灌溉水源）水利工程设施人们只看到了水利的一面，要引导学生找出水害的一面，如思考：阿斯旺水坝带来的环境问题与三峡工程的生态问题有何异同点。意大利新兴工业区与温州专业商品产销基地异同比较。同：中小企业、轻工业、分散生产、资本集中程度低、

分散型工业化、政府支持、有大量廉价劳动力。异：意大利新兴工业区重视专业分工和团结协作；形成生产—销售—服务—信息网络。温州专业商品产销基地多家企业生产同一种最终产品；互不联系，在有限的需求下激烈竞争。

类似地理问题还有：德国地势与中国地势异同点；刚果盆地和亚马孙平原热带雨林气候分布比较分析；北美洲西部和欧洲西部温带海洋性气候的分布比较分析；美国东北部地区工业发展的条件分析与中国东部沿海工业地带对比。

比较法是地理教学中运用较多、效果较佳的一种教学方法。但教师在教学中运用比较法也应注意一些原则和问题。在运用比较法时，应遵循从已知到未知、由近及远、由具体到抽象的原则；被比较的内容应该是同类地理事物和现象，切不可把无任何共性的两种或多种事物和现象随意加以比较，否则，将适得其反；在教学中，教师要根据教材的难易程度，并结合学生的实际情况，恰当选择与运用各种比较的方法；同时，具备条件时，教师可提供比较的地理图文信息，让学生自己设置比较项再填写比较内容，使他们在课堂教学过程中逐渐学会运用这种方法。

巧借案例教学培养学生地理学科素养

案例教学法于1870年由美国的克里斯托弗·兰德尔教授创立，后来这一教学方法被广泛应用于哈佛大学的教学，并成为举世闻名的"哈佛模式"的一大特色和内涵。相似地，地理案例教学可理解为：在教师的精心策划和指导下，基于新课程标准的理念，根据教学目的和教学内容的需要以及学生身心发展的特点，运用典型案例，将学生带入特定事件的"现场"，分析案例，引导学生自主探究性学习，以提高学生分析和解决实际地理问题的能力的一种教学方法。其基本思想是培养学生独立和主动学习的能力，养成独立的判断能力；其实质是贯彻"地理教学不只是传授地理知识，更重要的是帮助学生自己学会学习地理，同时向学生传授地理学习方法"的教育理念。

在中学地理教学过程中，地理案例教学法，是基于一定的教学目标，选择一定的地理教学案例，组织、引导学生进行学习、研究，从中培养能力的一种教学方法。巧妙借助典型案例教学可以达到窥一斑而见全豹、举一反三的教学效果。实施案例教学，教会学生以不变应万变，有效训练学生文字准确、条理清晰、逻辑严密的表述能力，进而提高学生综合、分析、判断、概括等思维能力。这种教学方式可引导学生跳出死记硬背的狭小天地，有利于培养学生地理学科能力。

案例教学法是一种以案例为基础的教学法，案例本质上是提出一种教育的两难情境，没有特定的解决之道，而教师于教学中扮演着设计者和激励者的角色，鼓励学生积极参与讨论。相对于传统的教学法，案例教学法更注重学生探究性学习。学生通过对案例的思考、分析、解决实际问题等过程，探索知识形成的规律，形成自己的知识结构，达到对知识原理的掌握，能力也随之提升。

本文从以下四方面谈如何巧借案例教学培养学生地理能力。

一、借助类型多样的案例，培养学生获取和解读信息的能力

地理信息展示的方式是多样的，图、表、文字都可能是载体。因此借助类型多样的案例，有利于培养学生获取和解读信息的能力。获取和解读信息可以从图、表、文字三方面进行指导。

方法一：从材料的文字表述中获取地理信息，包括各种有关地理事物定性、定量的信息。

案例1：古人在一篇游记中写道："登高南望，俯视太行诸山，晴

岚可爱，北顾但寒沙衰草……"

据此和下图，回答下列问题。

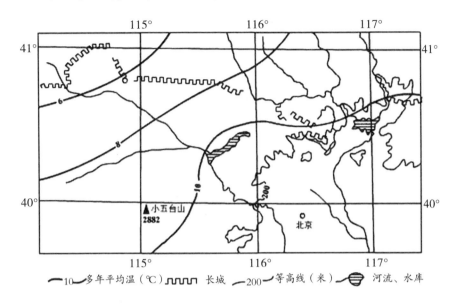

图中有6个经纬线交点，其中与游记作者登临之地相距最近的交点的地理坐标是115°E、41°N。作者北顾的是内蒙古高原的深秋景色。

文字材料中提供的信息有：情境设置中的空间信息；高度信息——登高、俯视；方位信息——南望、北顾；时间信息——晴岚可爱（能见度好）、寒沙衰草（深秋）。根据"南望、俯视"等文字信息，判断游记作者所在位置应在太行山之北，即115°E与41°N的交点附近；从图上位置结合时间信息，可判断作者北顾的具有"寒沙衰草"的地方是内蒙古高原。

方法二：指导学生快速、全面、准确地获取图形语言形式的地理信息，包括判读和分析各种地理图表所承载的信息。

案例2：泛亚铁路（新加坡至昆明）将是联系东盟和中国的重要通道，其中，新加坡—吉隆坡—曼谷的已有铁路为共用段，自曼谷至昆明的待建铁路有东、中、西三个方案，如下面图表所示。（图略）

方案	经过主要城市	铁路总长度（千米）	需新建铁路（千米）
东线	曼谷—金边—胡志明市—河内—昆明	5 520	433
中线	曼谷—万象—昆明	4 180	1245
西线	曼谷—仰光—昆明	4 321	1017

问题：东盟国家首选东线方案，分析其有利因素。

以上图表本身承载了大量的信息，要指导学生逐列逐行获取。细心研读图表，可知：第二列中可看出东线经过的主要城市多；第三列可发现铁路总长度长，营运里程长；第四列中可找出需新建铁路短；另外图中也有信息，由图中看出东线铁路经过平原；所经地区人口较稠密，城市多，经济相对发达。这样就实现快速、全面、准确地获取图形语言形式的地理信息。

方法三：从案例材料所提出的问题本身获取的地理信息。

案例3：农村的发展应该在党和政府政策的引导下，统筹规划，因地制宜，注重实效。回答：指出地形对村落规模的影响。

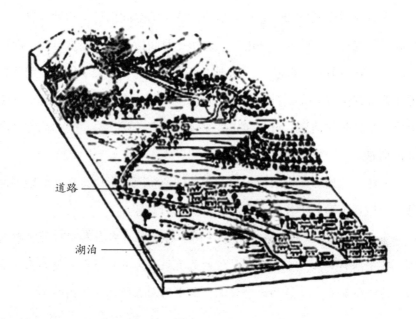

道路

湖泊

问题本身就告诉了我们应该如何回答。"地形"主要包括平原、高原、山地、丘陵、盆地，而图中见到了平原和山地。"村落规模"包括大、中、小。再结合图中的信息，这问题答案就是：山地村落规模小，平原村落规模大。

二、借助案例比较，培养学生的知识迁移能力

地理新课程要求学生学会调动和运用知识。它是指学生将所学知识与新案例情境建立正确的联系，并对学科知识重新组织、整合，再经过分析、判断、推理、归纳等思维过程，来解决问题。它主要表现为学生知识的迁移运用。借助案例比较分析，能够使学生更准确把握地理事象的本质特征，有助于学生进行知识的迁移运用。

提高学生概括、分析能力是促进学习迁移的突破口。在教学过程中，可以引导学生对已有知识进行概括，从而促进迁移的发生。如在分析长江中下游夏季多洪涝的成因时，我们可以从洪涝的本质考虑，将分析洪涝问题的思路概括为：洪涝即水的来量较大，排量较小，蓄水能力有限导致地表被淹没的灾害，而引起水来量、排量、蓄水能力变化的因素无非是自然因素和人为因素，因此，长江中下游夏季多洪涝的成因可归纳为：自然原因：①长江中下游地区为亚热带季风气候，夏季降水多且集中。②长江中下游地区流域面积广，且南北支流同时进入汛期，河水来量大。③长江中下游地区地势低洼，河道弯曲，排水不畅。人为原因：①围湖造田，蓄洪能力减弱。②中上游地区植被破坏，水土流失，河流含沙量增大，使下游河床抬高，淤塞河道。根据这样的思路，可以让学生分析恒河三角洲夏季多洪涝的成因。还可根据这样的思路让学生分析与水相关的其他问题的成因，如干旱问题、沼泽问题等，这样学生就可以灵活掌握，灵活迁移。

三、巧用图文案例材料，让学生掌握描述和阐释事物的方法

所谓"描述"，是指对有关事物进行细致、全面、准确的表述；所谓"阐释"，则是指对有关事物进行理解、分析和说明等有意义的解说。这要求学生能够用简洁的文字语言、图形语言或其他表达方式描述地理概念，地理事物的特征，地理事物的分布和发展变化，地理基本原理与规律的要点。

方法一：加强"细致、全面、准确"表述的训练。

例如：

我国东、中、西部电力生产与消费的地区差异是＿＿＿＿＿＿。

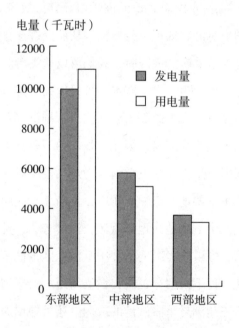

"东部地区发电量、用电量都大；东部地区用电量大于发电量；中、西部地区发电量大于用电量。"而学生往往只能分析"东部地区用电量大于发电量；中、西部地区发电量大于用电量"。少了一方面：总量的地区差异。又如：

不同年代外商在中国直接投资的地区比例（%）

	1990年	1995年	1999年	2000年
东部地区	93.86	87.69	87.77	87.83
中部地区	3.87	9.25	9.38	9.17
西部地区	2.27	3.06	2.85	3.00

表反映出外商在中国投资的地区分布特征是＿＿＿＿＿＿＿＿＿＿。

"①主要集中在东部地区（沿海地区）或集中程度高；②东部高西部低（从东部向西部递减）。"同样，学生往往不能够全面准确地表述。

方法二：指导学生通过比较、判断、分析，阐释地理基本原理与规律。

例如：

读我国某地区图回答：说出图示区域1月气温及年降水量的总体变化趋势，简述其形成的主要原因。

"1月气温变化趋势：自南向北逐渐递减。形成原因：受纬度影响（太阳辐射）；年降水量变化趋势：自东南向西北递减。形成原因：受海陆位置影响，距海洋越来越远。"通过这类案例的训练有助于提高学生的地理语言能力，准确把握地理基本原理与规律。

四、运用地理案例事实材料，培养学生论证和探讨问题的能力

"论证"，是指用论据来证明论题的真实性的论述过程。所谓"探讨"，是指对问题的研究和讨论。突出贯穿的是对学生"创新品质"（包括创新人格、创新意识、创新思维和创新能力等）的培养。

方法一：运用地理事实材料，分析地理事物的本质特征，着重培养学生分析综合的能力。

在区域地理教学中，通过分析区域地理特征培养分析综合能力，

上篇　学思践悟行致远

是培养与发展地理逻辑思维能力的最普遍的途径之一。复习某个区域时，可按如下思路展开：先确定其位置（包括经纬度和海陆位置）及地形特点，在此基础上推测气候的特点和分布，进一步分析其他自然地理特点和经济地理特征（河流、自然带、工农业生产、人口城市分布等内容）。分析评价区域发展的主要优势条件和限制性因素，从而确定区域发展方向、主要问题及其解决措施。同时还应进行跨区域比较（就某一要素比较或综合比较），如中亚的干旱与西亚、大洋洲、北非、南美安第斯山南段东侧等地干旱的成因、特点比较分析等。这样，不仅能形成全球空间概念，还对地理学区域差异有更深刻的认识，使思路更为开阔。

方法二：创设新的问题情境，构成新的设问角度，培养学生论证和探讨问题的能力。

随着新教材的推开，地理教学内容的拓展，地理学科的信息量增加了，人文意识增强了，科技内涵丰富了，地理知识交叉纵横，相互渗透，呈现出复杂性、综合性的特点。因此高中地理教学中应以反映现实和热点的"新材料、新情境"为载体，通过多渠道，搜集事实材料，精选案例，甚至自己撰写案例，开发适合本校学生的校本教材。通过大量引用课本外的知识和丰富的社会素材作为载体后背景，形成新的问题情境，构成新的设问角度，这样才能培养学生对各种信息进行多角度、多层次的分析、归纳、评价并获得地理结论。例如：分析我国核电工业布局，可设计以下问题：为什么东南沿海不建火电站？为何我国核电工业首先布局在东南沿海？建核电站有何优越性？说出东南沿海建设核电站的有利条件。通过上述问题的解析，学生思维得以联想、拓宽，体会到我国首先在东南沿海布局核电工业是明智之举。创设新的问题情境教学，有利于地理知识系统化，有利于开阔学生视野，丰富学生头脑，拓展学生思维。

教学实践表明，地理案例教学体现了新课程的教学理念。有利于将抽象地理知识形象化、地理概念具体化，有利于感性认识的深化，也有助于学生进行深入的探讨和思考。地理案例对现实问题重现和预演，再进行有针对性的剖析，加强了学生与社会生活的联系，增强其解决实际问题的能力。案例教学过程中，学生经过准备、参与讨论、分析思考等一系列学习活动，成为课堂教学的主体，能较充分地调动学生的学习积极性，提高学习探究的兴趣，有助于所学的地理知识及相关理论的深化和巩固，有利于地理学习的内化。

从2018年全国高考Ⅰ卷试题看地理备考策略

2018年高考是广东省考生使用新课标全国I卷第三个年头，我市考生已基本适应了全国卷高考模式，深入研究考题和考试的情况，有助于我们探讨新一年地理学科备考策略。今年文综地理试题稳中求新，难度有降，稳中求实，注重实践，稳中求活，启发思考，稳中求优，突出素养。命题深化体现了对地理学科核心素养的考查，实现了育人价值、选拔功能和引导教学的作用，对学生地理学科素养的培育起到积极导向作用，对我市中学地理教学起到较好的引导作用。

一、透视2018年全国Ⅰ卷高考文综地理试题

（一）稳中求新，难度有降

今年文综地理试题考点分布比较合理，试卷形式、结构、题型以及分值分布均符合《考试大纲》及《考试说明》的要求，难度适中，搭配科学。地理试题总体上延续了近几年的出题风格，在稳定中寻求创新突破。试题生态与去年相比，信息量略有减少，但思维长度有所增加；原理题亦有呈现，解题难度有所降低。考点分布与往年类似，自然、人文地理均有涉及，自然地理内容略多于人文地理，比例接

近，分值设置上没有太大的变化。从形式上看，11个选择题共分为4组题，分别是文字题、折线图、示意图（2组）。36题、37题两道综合题依然采用了常见的图文相结合的形式，在图中提供多种地理信息，考查考生有效解读和获取地理信息的能力，引导地理学科核心素养的培养。

（二）稳中求实，注重实践

试题内容选取了富含生活气息和新时代特点的材料，注重学生地理实践力的考查。从出题背景上看，4组选择题的背景分别为精密仪器生产、常住人口与户籍人口、河流地质现象、公路行车，引导、地理教学要进一步关注生产、生活、生态中的地理现象和地理问题，鼓励学生结合所学地理原理和学科思维进行思考解答日常生活生产中的地理问题。如第10题，从"乘长途客车从重庆经遵义至毕节旅游"出发，展现了生动的地理生活情景，通过"长途客车选座"来讨论日出、日落方位问题，引导考生运用地理知识和原理来分析和解释现实问题，体现了"对生活有用的地理"这一学科理念。旅游地理题以九寨沟景区的灾后重建为背景，环境保护题则以斯匹次卑尔根岛种子库和全球变暖为背景考查。

（三）稳中求活，启发思考

今年地理试卷材料来源稳中求活，题目梯度设计、设问方式灵活，启发学生思考，培养创新精神。如第36题，打破了传统人文地理题目一半农业一半工业的模式，将工业区位因素与交通、自然、政治等多种要素结合起来设问，是比较新颖的题目。这种设问模式打破了传统"模板"答题的方法，注重考查学生从材料中提取信息能力和结合所学知识分析问题的能力，降低答题技巧在得分中的作用。第37题则是以"嫩江支流乌裕尔河下游扎龙湿地"为切入点，将堰塞湖和沼泽湿地进行比较，鼓励学生思考不同区域的自然地理情况及其影响，体现了自然环境的整体性。其中第（4）题提问学生"是否同意通过工程措施恢复乌裕尔河为外流河"，试题具有开放性，同意和反对皆可，将考生从标准化作答模式中解放出来，鼓励考生独立思考、畅所欲言，从新颖的角度去看待地理问题，充分体现了创新思维能力的培养。

（四）稳中求优，突出素养

试题重在考查思维品质，评价应用效果，激励创新意识，是一种稳中求优的变化。"优"就是要优化试题内容，提高高考地理试题作为测评工具的科学性和有效性，这种考查又以地理学科核心素养的考查为靶心。因此题目注重立足学科思维能力的考查。培养学生分析和解决问题的综合思维，注重考查学生的图像判读能力和对题目关键信息的提取能力，注重培养学生的区域认知和综合思维。如第4题、第5题，通过"近十年来我国某直辖市户籍人口与常住人口的数量变化图"，引导学生将人口和城市地理的知识点有机结合，快速从题目中提取关键信息，进行综合加工分析，并在此基础上，进一步要求考生根据人口数量变化趋势，结合四大直辖市的人口数量变化和迁移规律和现实情况，由表及里地引导学生深化对于人口和城市的认识。

二、2019年高考地理学科备考建议

（一）研读《普通高中地理课程标准（2017年版）》，突破关键

研读《普通高中地理课程标准（2017年版）》（以下简称《课标》）是每一位高三地理教师必须认真去做的事情。《课标》中提出的课程理念和地理核心素养，是高考命题的灵魂，只有精心研读《课标》，才能明确课程理念，正确剖析核心素养，把握高考大方向。而在地理考试大纲中明确了地理学科命题主要考查考生的地理学科核心素养，考核目标和要求包括获取和解读地理信息、调动和应用地理知识、描述和阐释地理事物、论证和探讨地理问题的能力。强调独立思考、辩证分析、交流合作、创新思维等学会适应未来不断发展变化的社会的关键能力。因此地理教学不是平均使力，不是章节过关，而是围绕学科关键能力，培养核心素养。教学要发挥这些关键少数的作用，通过关键少数的突破和发展带动学生综合能力的整体提升。这种"少即是多"的课程与教学组织原则，具化到课堂教学中来，必然在学习内容和学习过程上呈现出"典型取向"：通过典型内容的学习，使学生经历典型的探究过程，尝试典型的学习方法与策略，获得典型的情感体验，最终达成深度理解。

（二）研究考题，明确方向

精心分析高考试题，感悟高考试题的精华，才能准确无误地把握好高考跳动的脉搏。只有通过精心分析近年来全国高考地理试题变化，才能清晰准确把握高考方向。教师们要深入研究近几年全国高考文综地理试题知识点呈现形式、题型及数量、试题的长度宽度深度、知识结构比例、试题来源、答案和如何赋分等方面。教师在感悟试题的基础上，通过师生交流，深化认知，形成思维成果，并应用思维成果，解决实际问题，从而培养学生的地理解题能力和地理思维能力。这是地理复习的重头戏，也是培养学生思维品质的重要环节。

（三）科学谋划，落实环节

高三地理学科组要对高三备考做全面科学的谋划，把握好不同阶段的复习重点。一般来说，第一轮复习重点是把握学科的主干知识，加强地理基本技能的培养；第二轮复习重点是知识的整合、拓展和迁移，熟练掌握基本方法、学科能力、思想观念；第三轮复习重点是核心知识和主干性知识线索与网络的再现，方法、技能、能力、观念的综合提升。第一轮复习按章节进行，打实基础，强调细、低、全，把书读透；第二轮复习要引导学生构建基础知识网络，将碎片化知识系统化；第三轮复习是知识和谐阶段、能力协调阶段。所谓"一轮看功夫，二轮看水平，三轮看士气"就是这个意思。

（四）注重课堂，提高效率

高三年级地理教学要重在提高课堂教学效率。提高课堂教学效率首先要转变"教学观"。其一，地理课堂不再是知识传递的场合，而是从容不迫地与学生建构地理学科知识，培养"关键能力"的所在。而"关键能力"的核心既不是单纯的知识技能，也不是单纯的兴趣、动机、态度，而在于重视运用知识技能、解决地理现实问题所必需的思考力、判断力与表达力及其人格品性。这要求学生能够运用区域认知、综合思维、地理实践力、人地协调观进行思考、判断。地理学科教学指向地理学科关键能力和必备品格。其二，地理课堂要让学生真正成为课堂的主人。请落实好"五个让"：能让学生分析的要让学生自己分析；能让学生表述的要让学生自己表述；能让学生动手的要让学生自己动手；能让学生思考的要让学生自己思考；能让学生自己得出结论的要让学生自己推导得出结论。

全国高考改革正在朝着更加科学的方向进行，高考将更加注重学科核心素养，强调学以致用，考查考生在真实情境中分析地理问题和解决地理问题的能力。因此，地理教学与备考在培养学生地理学科基础知识和基本技能的过程中，更要强化学生关键能力培养，注重培养支撑学生终身发展、适应时代要求的关键能力。

研读地理试题，探讨教学策略

年年岁岁纲相似，岁岁年年题不同。2019年全国高考文综Ⅰ卷地理试题以独特的视角和崭新的方式向我们展现了高考题"立德树人、服务选才、引导教学"的核心功能。全面研读高考地理试题，正确理解高考评价体系要求，有助于教师准确把握地理学科本质，促进教育教学改革，全面提升教育教学质量。

一、研读2019年文综Ⅰ卷地理试题

研读2019年高考文综Ⅰ卷地理试题，深感今年的试题更加注重时代

发展与学科价值整合，更加关注关键能力和必备品格的完美呈现。从整体看，难度有所下降，在试卷形式、内容比重、呈现方式、试题风格等方面基本延续往年特点，试题内容选取长三角、东北某区域、黄河小北干流、安仁古镇、欧盟、澳大利亚、里海、芝加哥等国内外典型区域自然环境与区域发展背景材料，创设新颖的问题情境，设计问题巧妙，挖掘地理学科的育人价值。突出体现了三大特点：

1. 突出时空思维，强化核心概念理解

今年 I 卷地理试题特别突出时空思维，强化地理核心概念的理解。试题大多都有明确的时空背景，包括不同尺度的区域定位（地区、国家、大洲；流域、地形、板块等）、不同尺度的时间限制（时段与季节、多年、近年与早年、历史时期与地质时期）。也包括时空演变，突出时空思维的考查，讲特定"时空下的地理事物"。而选择题则强化选项之间地理核心概念的理解。我们看第一组选择题：

20世纪80年代开始，长江三角洲地区某县村办企业涌现，形成"村村冒烟"现象。2016年该县开始实施村集体经济"抱团飞地"发展模式：由县、镇统筹，整合腾退的村办企业建设用地指标和补偿资金，各村以股份合作形式（抱团）在发展条件优越的城镇（飞地）联合建设创新创业中心，并建立保证各村收益的机制。据此完成1～3题。

1. "村村冒烟"主要指的是当时该村办企业（　　　）

    A. 燃料来源分散

    B. 空间布局分散

    C. 原料来源分散

    D. 产品市场分散

2. 实施"抱团飞地"发展模式可以（　　　）

    ① 弥补劳动力不足

    ② 缓解建设用地紧张

    ③ 提升基础教育水平

④ 壮大集体经济实力

A. ①③

B. ②③

C. ①④

D. ②④

3. "抱团飞地"发展模式，主要体现了（　　　）

A. 城乡统筹创新

B. 生活方式创新

C. 农业发展创新

D. 科学技术创新

两个时间点："20世纪80年代开始"，"2016年"。第1题问的是"'村村冒烟'主要指的是当时该村办企业"，当时就是指20世纪80年代开始。这是一个重要历史时期，改革开放初期，长江三角洲地区村村办企业，这得益于改革开放政策的实施，使企业遍地开花，空间上分散分局，企业与企业之间联系较少，反映了新中国进入一个崭新的发展时期。而选项之间要理解的地理概念是：燃料、空间、原料、产品市场等。第3题：选项之间要求理解的地理概念是"城乡统筹、生活方式、农业发展、科学技术"。材料中讲到"由县、镇统筹，整合腾退的村办企业建设用地指标和补偿资金，各村以股份合作形式（抱团）在发展条件优越的城镇（飞地）联合建设创新创业中心"。由县、镇统筹是不是城乡统筹，这是学生必须正确理解的点。另外这是生产方式，而不是生活方式，是工业发展而不是农业发展。"创新创业中心"也不是科学技术创新。这道题考查的是一个时代，一个特定的区域。

2. 注重推理能力，考查地理事物演化过程

高考地理试题从整体性的视角，注重对学生地理过程推理能力的考查。要求考生会"解释过去、思考现在、预测未来"，展示学生受地理课程滋养下的学科素养与持续学习的潜能。这是2017年新课程标准的重

要思想。例如，全国 I 卷第37题。

37. 阅读图文资料，完成下列要求。（22分）

随着非洲板块及印度洋板块北移，地中海不断萎缩，里海从地中海分离。有学者研究表明，末次冰期晚期气候转暖，里海一度为淡水湖。当气候进一步转暖，里海北方的大陆冰川大幅消退后，其补给类型发生变化，里海演变为咸水湖，但目前湖水盐度远小于地中海的盐度。下图示意里海所在区域的自然地理环境。（图略）

（1）板块运动导致的山脉隆起改变了区域的地貌、水文和气候特征。分析这些特征的变化对里海的影响。（6分）

（2）末次冰期晚期里海一度为淡水湖。对此做出合理解释。（6分）

（3）分析补给类型发生变化后里海演变为咸水湖的原因。（6分）

（4）指出黑海、地中海未来演化为湖泊的必要条件。（4分）

这组题学术味很浓，以湖泊（里海）演化为线索，依托地表形态变化的内外力共同作用的基础支持，认知较大尺度区域的自然演变现象，充分体现了地壳、湖泊、地形、气候等各种自然体都处于不断变化之中的理念。同时，将区域联系和区域过程展示给考生，要求考生具有要素综合、空间综合与时间综合能力。

第1问，学生要用变化的眼光来看地理事物：山脉隆起，里海与海洋分离，形成湖泊（湖盆）；山脉隆起，导致里海汇水面积缩小，湖泊来水量减少，湖泊面积缩小；山脉隆起，阻挡湿润气流，导致干旱，推动湖泊向内陆湖演化。

第4问是对未来的预测。随着非洲板块及印度洋板块北移，山脉隆起，地中海继续萎缩，最终演化为湖泊。以里海的形成和演变过程为实证，引导考生根据板块运动的趋势，判断黑海和地中海可能发生的变化，旨在扩大考生视野，评价考生的地理思维创新能力。

3. 关注生产生活，强化对解决地理问题能力的考查

地理学科与生活、生产实际密切相关，试题都是通过设置真实的问题情境，要求考生在准确理解与熟练掌握学科主干知识内容的前提下，灵活运用所学的知识与原理，分析解决生活生产中的实际问题，促进考生真懂会用，学以致用。如：第6~8题。

图2示意我国东北某区域铁路线的分布，该区域铁路修建的年代较早，近些年几乎废弃，据此完成6~8题。

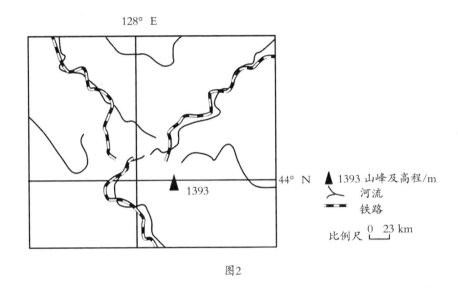

图2

6. 该区域铁路线主要沿（　　　）

   A. 等高线分布

   B. 河谷分布

   C. 山脊线分布

   D. 山麓分布

7. 该区域修建铁路主要是为了运输（　　　）

   A. 原木

   B. 农产品

   C. 工业品

   D. 石材

8. 近些年来该区域铁路几乎废弃的主要原因是（　　　）

   A. 设施陈旧

   B. 运速太慢

C. 线路过密

D. 运输需求太小

这组题目通过提供小尺度森林铁路地图，考查考生能够从日常生活和身边事物去思考、探索和发现地理问题的能力，引导中学对于地图的教学由学习地图知识转为培养学生利用地图工具获取地理信息的能力。第6题铁路分布大致与河流流谷分布一致。第7题，该地处于东北地区，结合河流和山峰推断人烟稀少，农产品和工业品可以排除，东北地区是我国重要的林地推断答案是A。

再比如：

36. 阅读图文资料，完成下列要求。（24分）

澳大利亚是一个地广人稀的发达国家。第二次世界大战后，本土汽车生产主要由美日几家大型汽车品牌公司控制，整车和零部件工厂主要是布局在墨尔本、阿德莱德和吉朗等地（位置图略）。1974年澳大利亚汽车生产以47.5万辆的产量居世界第10位。1988年澳大利亚政府开始实施取消进口汽车配额限制并大幅降低关税的政策，使世界各地的汽车大量涌入，原本多样化的本土汽车市场进一步细分，每种品牌和车型的车辆需求都较少，汽车生产成本也居高不下。2016年仅以16.1万辆的产量排在世界第32位。2017年10月20日，最后一条汽车生产线在阿德莱德关闭，宣告本土汽车制造成为历史。

（1）说明澳大利亚汽车生产存续期间，整车和零部件工厂布局在东南沿海地区的有利条件。（8分）

（2）分析澳大利亚汽车市场对每种品牌和车型的车辆需求都较少的原因。（8分）

（3）简述澳大利亚汽车生产成本居高不下的主要原因。（4分）

（4）指出汽车生产的退出对当地城市经济发展的影响。（4分）

这组题以澳大利亚汽车发展的真实案例为线索，围绕汽车产业布局、汽车市场特点、汽车生产成本以及汽车产业退出的影响等现实问题，把澳大利亚汽车生产从发展到退出的过程与地理因素相结合，重点考查学生从地理角度分析产业发展问题的能力。

二、探讨高中地理教育教学策略

1. 更新教育教学理念

随着新一轮课程改革的实施，我们的课程目标正在发生深刻的变化，由原来"一维（双基）目标"到"三维目标"，从"三维目标"到 2017年普通高中课程标准提出"学科核心素养"，把知识、技能和过程、方法提炼为关键能力，把情感态度和价值观提炼为必备品格，课程目标从1.0进化到3.0。高考命题立意正在升级，从知识立意到能力立意，再到素养立意。我们的知识观、课程观、教育教学观等理念急需更新，然而一些学校和老师仍停留在知识教学、碎片化教学上，唯分数、唯教材观念仍然存在，这些归根到底是教育教学理念的问题。希望一线地理教师，特别是高三地理教师及早更新教育教学理念，不要光顾着埋头走路，别忘了抬头看看天。

2. 内化地理核心概念

地理核心概念、原理是支撑学科的脉络，是思维与方法的基础。在今年的高考试题中对核心概念的要求尤为明显。高考试题强化地理核心概念、原理的考查，拒绝脱离具体情境的机械套用，在真实的情境中利用所学知识分析、解决问题的能力。对高中地理教学的启示是：必须高度重视地理核心概念教学。地理概念教学必须成为高中地理教学环节的重要组成部分。在实施地理概念教学时，一是要厘清地理核心概念、原理。厘清概念的内涵和外延，为推理判断、规范表达奠定基础；在试题图文信息支撑下，依据地理原理构建问题解答模型，厘清要点间的逻辑关系。二是要以核心概念为节点构建地理认知结构；抓住因果关系建立思维链，高度关注"一果多因、一因多果、多果多因"的逻辑分析；重点分析主导因素和限制因素。三是要以问题为载体，深挖内涵，适度拓展；讲练结合，以练为主；加强讨论，知识内化；点拨思路，规范术语。

3. 重视创设问题情境

教材知识多为结论性语言，做了"去情境化"的处理，呈现的是模型认知，强调"普遍规律"，省略"局部例外"。因此我们的教学要立足于本校本班的学情再将书本知识情境化。尽量做到"知识问题化，问题情境化，情境时空化"。教学过程要将知识重新嵌入具体可感的情境中，引导学生进行探究、完成建构、实现迁移。情境越真实、复杂，学生融入感就越强，知识建构就越完整、迁移就越久远。特别提醒，知识复习时规律结论不是重点，形成规律结论的条件和方法才是教学的重点。

4. 优化地理课堂教学

优化地理课堂教学可概括为："坚守一个核心，坚持两个原则，把握三个关键。"

地理课堂教学设计要坚守的一个核心：落实核心素养。地理课堂教学要以主题、情景、任务来设计教学过程，学生通过学习过程、学习体验达到学科核心素养的形成，从而改变以知识点为体系的教学。我们要坚持的两个原则：以学为主，以教为辅。以学为主就是让学生自主、合作、探究学习，深度体验学习，使学生成为地理课堂的真正主人。以教为辅就是教师精要讲解、实时点拨，教师是学习的伙伴，组织者、引导者。地理课堂要把握的三个关键：设计学习方案，构建有效课堂，注重展评环节。课前自主学习——落实双基，课中探究学习——培养素养，课后巩固检测——提升素养。

地理学科核心素养在高考地理试题中已经布子成棋、落地生花。如何在高中地理教育教学中释放人文思想的意趣，提升学生的核心素养，在课堂教学问题情境设计中探寻科学内涵的足迹，培育学生的人生智慧，既是教育所需，也是当务之急。全面研读高考地理试题，对接高中地理教学，转理念、巧设计、再实践，把学科核心素养融入真实的地理情境教学之中，使之成为学生感知多彩世界、探究未知空间、升华地理情感、实现地理教育价值的载体，最终提高高中地理教育教学质量，这是我们研读试题的真正目的所在。

从高考地理题谈获取和解读地理信息

高考大纲是指明高考范围、考核目标和要求的权威性文件。"获取和解读地理信息"是2017年全国高考地理考试大纲规定的考核目标和要求，更是新课程标准对高中生全面发展的基本要求。本文以2016年全国高考试题为例来谈如何巧妙引导学生获取和解读地理信息。

一、关于"获取和解读地理信息"的理解

2017年全国高考地理考试大纲关于"获取和解读地理信息"的描述："能够从题目的文字表述中获取地理信息，包括读取题目的要求和各种有关地理事物定性、定量的信息。能够快速、全面、准确地获取图形语言形式的地理信息，包括判读和分析各种地理图表所承载的信息。能够准确和完整地理解所获取的地理信息。"

所谓"获取和解读地理信息能力"是指地理教学过程中要教会学生获取材料提供的信息，理解试题要求及考查意图，提炼信息的有效内容和价值，并进行分析整合，组织和应用相关学科信息，形成综合性信息解读的能力。

二、获取和解读地理信息能力培养的基本方法

地理信息是指地理数据所蕴含和表达的地理含义，是与地理环境要素有关的物质的数量、质量、性质、分布特征、联系和规律的数字、文字、图像和图形等的总称。地理信息展示的方式是多样的，图、表、文字都可能是载体，呈现方式有显性信息，也有隐性信息。一般来说，试题提供的地理信息包括文字、图像、表格等，文字信息主要是试题的

背景材料、图表引文和说明以及题干中必要的限定或提示，它一般指向考查意图、内容和方法。找到有效地理信息是解题的关键和切入点。我们可以从材料文字、图表、题干三方面训练学生获取和解读地理信息的能力。

方法一：引导学生从材料"字里行间"获取和解读地理信息。

2016年全国高考地理试题以立德树人为宗旨，立足于我国经济发展的成就，选择"中华优秀传统文化"和"创新能力"等典型素材，考查其中的地理内涵。这些新素材、新情境的材料文字表述"字里行间"隐藏着重要的地理信息，需要我们培养学生善于观察和勤于思考的习惯，才能有效获取和解读地理信息。

案例1：（2016年全国乙卷文综第1～3题）我国是世界闻名的陶瓷古国，明清时期，"瓷都"景德镇是全国的瓷业中心，产品远销海内外，20世纪80年代初，广东省佛山市率先引进国外现代化陶瓷生产线，逐步发展成为全国乃至世界最大的陶瓷生产基地。2003年，佛山陶瓷主产区被划入中心城区范围，陶瓷产业向景德镇等陶瓷产地转移。据此完成1～3题。

1. 与景德镇相比，20世纪80年代佛山瓷业迅速发展的主要原因是（　　　）

A. 市场广阔

B. 原材料充足

C. 劳动力素质高

D. 国家政策倾斜

2. 促使佛山陶瓷产业向外转移的主要原因是佛山（　　　）

A. 产业结构调整

B. 原材料枯竭

C. 市场需求减小

D. 企业竞争加剧

3. 景德镇吸引佛山陶瓷产业转移的主要优势是（　　　）

　　A. 资金充足

　　B. 劳动力成本低

　　C. 产业基础好

　　D. 交通运输便捷

　　案例分析：第1题可以采用"时空信息解读法"进行解题。所谓"时空信息解读法"是指教学过程中要培养学生关注不同尺度的时间和空间信息，从材料中提取有效的时空信息进行解题的方法，这是解读地理信息常用的一种方法。如本题提供的时间信息："20世纪80年代初"，这是一个重要的时间节点，中国改革开放政策刚刚实施；地点信息：广东省佛山市，地处珠江三角洲，珠江三角洲是我国改革开放的前沿，政策优势明显，国家政策倾斜使得佛山市率先引进国外现代化陶瓷生产线。20世纪80年代初，广东省佛山市率先引进国外现代化陶瓷生产线，才逐步发展成为全国乃至世界最大的陶瓷生产基地。与同期的景德镇相比得出，改革开放政策是佛山优势明显而景德镇不具有的。

　　第2题：我们要从材料"佛山陶瓷主产区被划入中心城区范围，陶瓷产业向景德镇等陶瓷产地转移"，提取出"中心城区"这个关键词。这种方法可以归纳为"关键词解读法"，解题中要从材料寻找有用的关键词，以找到解题的突破点，化繁为简，一举切中要害。"佛山陶瓷主产区被划入中心城区范围"，"中心城区"的描述是佛山城市化的结果。原来佛山陶瓷产业区变成发展以第三产业为主的中心城区，即佛山市的产业结构调整促使佛山陶瓷产业向外转移。佛山城市化进程带来地价的上涨，人们对环境质量要求的提高，结合"2003年"这一时间信息，国家政策优势不明显，要求产业结构进行升级，进而实施产业转移。

　　第3题，这道题我们也可以用关键词解读法。材料"明清时期，'瓷都'景德镇是全国的瓷业中心，产品远销海内外"，这说明景德镇陶瓷产业历史悠久，闻名中外，因此景德镇作为曾经的中国"瓷都"，陶瓷产业基础较好。

方法二：引导学生快速、全面、准确地获取图形语言信息。

图形语言是地理学科的工具和载体，全国高考文科综合试卷地理试题已经逐渐形成了"无图不成地理"的试题命制风格。2016年全国高考文综试卷乙卷地理部分共有6幅图，其中四个综合题每题都有1幅图，试题的情境问题设置也紧紧围绕地理图文展开。复习时应转变教学观念，充分运用案例分析法、图表分析法等教学方法，适时引导学生通过对图表、数据、文字资料等背景素材进行分析、探究，逐步培养学生获取有效信息的能力。由于地理图表承载着非常丰富的地理信息，因此判读时要注意分清主次，在尽量短的时间内确定应该从图上获取哪些方面的信息。

案例2：土壤有机质的重要组成元素，也是植物生长的营养元素。土壤水分增加有利于磷累积，气温升高和流水侵蚀会减少土壤中磷累积量。下图示意我国四川西部某山地东坡土壤中磷累积量的垂直变化，据此完成10～11题。

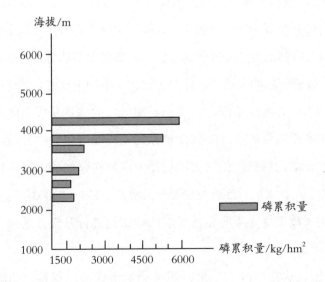

10. 磷高累积区是（　　　）

　　A. 高山草甸带

　　B. 高山冰雪带

　　C. 山地针阔叶混交林带

　　D. 常绿阔叶林带

11. 与磷高累积区相比，该山坡2000～3000米处（　　　）

　　A. 大气温度较低

　　B. 生物生产量较低

　　C. 土壤含水量较低

　　D. 地表径流量较小

　　教学过程我们要不断训练学生读图的顺序与技巧。读图要从图名入手："我国四川西部某山地东坡土壤中磷累积量的垂直变化"，通过图名我们找到关键的"时空信息"。通过图名提取空间信息"我国四川西部"，我国四川省位于亚热带季风气候区，其山地基带的植被类型是亚热带常绿阔叶林带。第二步读图表，看到横坐标表示磷累积量，纵坐标表示海拔，结合横坐标、纵坐标找到磷高累积区大致位于海拔4200m左右。根据山地垂直地带性分布规律，随着海拔升高，从山麓到山顶依次出现常绿阔叶林带、落叶阔叶林带、针叶林带、高山草甸带、高山冰雪带等。由此可知，四川西部某山地海拔4200m高的位置自然带最可能是高山草甸带。

　　第11题，读图可知2000～3000米处磷累积量很低，该地为山地迎风坡降水最丰富地段，植物生产量高；根据材料"土壤水分增加有利于磷累积"提示，土壤含水量低不利于磷的累积，大气温度低有利于磷的累积，地表径流越小越有利于磷的累积；山坡2000～3000米处磷累积量较低，说明土壤含水量较低。

　　案例3：我国部分沿海地区人们为了追求更大的经济效益，在陆上修建高位养虾池。高位虾池底部铺设隔水层，引海水养虾，养虾过程中要投饵料、换海水，废水多经地表流入海洋。引水、蓄水、排水过程都有渗漏。分析高位虾池对当地环境的不利影响。

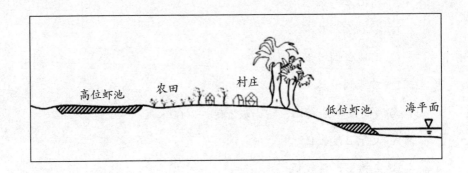

读图同样从图名入手："在陆上修建高位养虾池"图。从图名中找到信息点：地点信息在"中国沿海地区，陆地上的高位养虾池"；再从图中信息透视关键词：农田、植被、村庄、沿海海区、海水、地表状况及地下状况。结合文字信息"引水、蓄水、排水过程都有渗漏"，把这几个信息整合起来，我们就可以得到以下答案："高位虾池养殖过程中，引海水养虾，由于引水、蓄水、排水过程都有渗漏，可能导致地下淡水碱化；附近表土盐碱化；影响当地农田的农作物和地表植物的生长；影响附近村庄居民的生活；废水多经地表流入海洋可能造成附近海域海水污染，海水富营养化。"

方法三：引导学生从设问问题本身获取和解读地理信息。

高考试题除了题材新颖、信息提供合理适度以外，问题的设置也非常重要。题干往往蕴含着设问的要求、解题的思路、答题的提示、思考的线索，因此要教会学生从试题的设问中获取和解读地理信息。

案例4：横县地形以河流冲积平原为主，茉莉主要种植在平原地势较高的旱地上。试解释冲积平原地势较高的旱地有利于茉莉种植的原因。

这道题目设问中给出了一个长长的定语："地势较高的旱地"，前面还加一句提示语："横县地形以河流冲积平原为主"。我们可以从这两个信息来进行全面解读。"冲积平原"：地势平坦，便于种植。"河流冲积平原"：离河较近，便于灌溉；河流冲积平原土壤肥沃。

"地势较高的旱地"：地势较高排水良好，土壤不会过湿，地势较高不易受洪水侵袭，地势较高土层深厚，旱地土层疏松，利于茉莉根系发育。

高考试题中蕴藏的地理信息载体各不相同，有的蕴藏在地理试题的材料文字表述中，有的蕴藏在各种地理图形语言中，有的蕴藏在各种地理图表中，还有的蕴藏在地理试题所提出的问题中。高中地理教学中，要根据地理信息载体的不同，教会学生掌握不同获取和解读地理信息的途径。培养学生树立信息意识，学会体察入微，具备敏锐的地理视角，掌握解读方法和技巧，才能有效获取和解读地理信息。

透过全国高考 I 卷看地理学科核心素养的培养

高考不仅承载选拔和评价的功能，也是拓展、培养和实现立德树人的有效途径和重要的育人方式。透视2017年全国高考 I 卷文综地理试题，寻找地理学科核心素养与高考地理试题的对接点，围绕地理核心素养落地生根的种子引导中学地理教育教学改革。本文试从核心素养的视角分析"看似素颜貌，内涵颜值高"的高考试题特点，探讨如何在高中地理课堂教学中培养学生的核心素养。

一、核心素养立意下的试题特点

1.渗透人地协调观，彰显学科价值

人地关系是地理学科永恒的主线，人地协调、可持续发展是地理学科的价值追求与终极目标。人地协调观是指人们对人类与地理环境之间形成协调关系的必要性和可能性的深刻认识和理解。在高考地理试题

上篇 学思践悟行致远

中渗透人地协调观，通过考生解答地理问题流露的价值取向，把人地协调、可持续发展的核心价值转化为看得见、触得着、可评价的真实行为。

如全国Ⅰ卷第43题："'中国最具旅游价值古村落'之一的桂林江头洲村，至今仍完整地保存着明清时期的建筑格局，依然有百余户村民生活在村中，坚守着那份宁静与质朴。"利用古村落独有的旅游资源开发现代旅游业，促进当地经济、社会、生态可持续发展。在开发现代旅游业过程中要重视对古村落文明的保护，保留村落的原生状态；尊重原有的传统，传承和保护具有浓郁传统文化特点的遗产，保持古村落的生命力；"百余户村民生活在村中，坚守着那份宁静与质朴"，百余户村民生活在村中使古村落具有的清幽古朴、宁静致远的意境，正符合当代都市人放松心情的渴望和需要。这样的试题设计有利于引导考生树立正确的人地协调观、可持续发展观，彰显了地理学科的价值。

2. 立足区域析理辨因，突出学科特点

区域性是地理学科最突出的特点，也是地理学科区别于其他学科的本质特征。区域认知是中学生地理核心素养之一，是指人们具备的对人地关系地域系统的特点、问题进行分析、解释、预测的方法和能力。高考试题往往是通过某个特定区域为背景材料考查学生是否掌握区域认知方法，是否养成从区域空间认识地理现象的意识与习惯，能否运用区域综合分析、区域比较等方式来认识区域特征和解决区域人地关系问题。

如全国Ⅰ卷第1～3题，"以我国东部地区某城市街道机动车道与两侧非机动车道绿化隔离带的景观对比照片"为背景，从小区域、小点位入手对研究对象进行分析辨理辨因。第1题寻找当地的自然植被，关键词在于"自然植被"，要从当地的区域性特点出发找到当地的地带性植被。从区域时空信息"我国东部地区""时间为3月25日""当日，这些杂树隐有绿色，新叶呼之欲出"可以判断当地的春季树木发芽，冬季

落叶，所以自然植被为落叶阔叶林。常绿灌木是人为栽种的树种，不是当地的自然植被，这是干扰信息，要学会辨别。而第3题"制约常绿灌木其栽种范围的主要自然因素"，可由第1题当地的自然植被是"落叶阔叶林"，推断该地位于我国北方地区，而北方冬季寒冷，常绿灌木由于热量不足，难以生长。常绿灌木在我国北方城市路边种植，冬季均要采取一定措施以确保安全越冬。

第36题以非洲坦桑尼亚为背景，以"中国某公司在坦桑尼亚的基洛萨附近投资兴建剑麻农场"为主题，图文结合创设题目情境，设计四个层次的问题。"根据剑麻生长的气候条件和用途，说明我国国内剑麻纤维产需矛盾较大的原因。"（宏观尺度把握区域特点）→"据图指出与其他地区相比，中国公司在基洛萨附近兴建剑麻农场的有利条件。"（微观比较分析）→"说明剑麻收割后需要及时加工的原因。"（地理综合思维）→"简述当地从中国公司兴建剑麻农场中获得的利益。"（区域可持续发展观、人地协调观）试题设问层层递进、环环相扣，引导学生养成区域认知能力，形成从区域的视角认识地理现象的意识与习惯，运用区域综合分析、区域比较等方式，来认识区域特征和区域人地关系问题，形成因地制宜进行区域开发的观念。

3. 关注综合思维能力，凸显素养立意

综合思维是地理学基本的思维方式，指人们具备的全面、系统、动态地认识地理事物和现象的思维品质和能力。2017年的地理试题依旧关注考生地理综合思维能力的考查，引导学生运用综合思维方法，从多个维度对地理事物和现象进行分析，并在一定程度上解释其发生、发展和演化的过程，从而较全面地观察、分析和认识不同地方或区域的地理环境特点，并且能够辩证地看待现实中的地理问题。

其一，依托新材料，创设新情境，"融入新情境"解决地理问题。试题中出现许多中学地理教学少见的专业名词，如常绿灌木、多年平均实际蒸发量、枯雪年膜内平均温度日变化、干扰强度的垂直分布特征、

苔原带阳坡地表温度和湿度等，学生需通过文字、图像信息先理解这些专业名词，并将其与已有知识重组，形成新的知识结构，然后运用新建构的知识结构分析和解决现实问题。重点考查了学生考试现场的学习能力，以及对已有知识的理解与应用能力。

其二，关注地理事象在时空维度的发展变化特点。第1~3题，以"城市绿化问题"为主题，主要考查植物分布与城市管理。在时空维度上提取材料中关键信息"我国东部地区""时间为3月25日""当日，这些杂树隐有绿色，新叶呼之欲出"可以判断当地的春季树木发芽，由此推断当地的地理位置，运用了最能反映地理环境特点的植物进行区域定位。第2题由材料"数年前，两侧的绿化隔离带按同一标准栽种了常绿灌木；而如今，一侧灌木修剪齐整，另一侧则杂树丛生，灌木零乱"，时间信息"数年前""而如今"体现地理事物的发展变化过程，也反映了人文因素的变化对地理事物发展的影响。"杂树丛生，灌木零乱"的说法略带贬义，使答案"失管"跃然纸上。

其三，从多个维度对地理事物和现象进行分析，认识各要素之间相互作用、相互影响、相互制约的关系。运用地理环境的整体性原理，分析地理要素之间的相互联系、相互影响。如第6~8题，该题组以"水循环"为主题，考查考生对内陆地区理论蒸发量与实际蒸发量的关系及地质地貌、植被、水循环、河流水文之间相互联系的认识与理解。第44题，分析该林区潜在的怪柳入侵天然林的危害。"天然林的危害"从全面的角度看：天然林的生存空间、天然林的种群结构、天然林的动植物种类。从系统的角度看：怪柳种子多，繁殖快→侵占其他植物的生存空间；侧向枝条多，妨碍其他乔木幼苗的生长→导致森林结构变化；怪柳入侵，破坏食物链→减少天然林区植食动物的数量。从动态的角度看：怪柳入侵天然林是一个动态长期演变发展的地理过程。其演变发展的结果是：天然林的生存空间的减少、天然林的种群结构趋向单一化、天然林的动植物种类和数量减少。

4. 对接地气再现真实，倡导地理实践

地理实践力是指人们在地理户外考察、社会调查、模拟实验等地理实践活动中所具备的行动能力品质。地理实践力有助于人们更好地在真实的情境中观察、感悟、理解地理环境，以及它与人类活动的关系，增强社会实践能力和责任感。

如第37题，以"地理科考队调查某山峰的阴、阳坡植物多样性差异"为主题，结合图文信息，探讨四个层次的问题。（1）确定该苔原带遭受干扰的坡向和部位，以及干扰强度的垂直分布特征。（2）判断在未遭受干扰时，阴坡与阳坡苔原带植物多样性的差异，并说明判断依据。（3）分析与阴坡相比，苔原带阳坡地表温度和湿度的特点及产生原因。（4）说明从2300米至2600米，阴、阳坡植物多样性差异逐渐缩小的原因。

这四个问题重点考查学生的地理实践力，从真实的地理环境中学会描述地理事物的分布特点；分析地理事物的分布差异及其原因；再从更小尺度分析地理事物的分布差异及其原因；层层深入，尺度不断变小：从整体分布特征到阴坡与阳坡差异，从植物多样性的差异再到地表温度和湿度的特点，从阴坡与阳坡的差异再到从2300米至2600米特定高度的差异。一方面引导学生认识地理事物的方法和顶层的学科思维，另一方面从尺度和格局引导教学如何开展地理实践。

无论从地理实践力，还是从学科专业术语都对学生提出了很高的要求，其引导的学科素养为中学地理教学改革指明了方向。

二、如何在高中地理课堂教学中培养学生的核心素养

1. 聚焦核心素养，深化课堂教学改革

当我们深入教学一线听课，我们发现新课标已经实行，但是地理课堂教学依然没有太大的变化，老师们的教学方法依然是形式单一，以讲授为主，课堂教学面面俱到，教学理念未能及时更新。以讲代学，以教定教，教学成了教师的"一言堂"，一讲到底，这是目前地理课堂教

学的现状。台上的老师讲得津津有味、投入非常，讲台下的学生却似懂非懂、昏昏欲睡。表面上看似讲到了就学到了，实际上学生只是一知半解。

地理课堂教学改革要从表面形式的课程改革回归到教育本质，实现从学科育分向学科育人转变，从学科教学向学科教育转变，让核心素养真正落地，让地理教育回归到本真的教育发展道路上来。为深化高中课堂教学改革，教师要更新教育教学理念。让地理课堂教学彰显四个关键特征，关注人的教育：现代教育强调以人为本，把重视人，理解人，尊重人，爱护人，提升和发展人的精神贯穿于教育教学的全过程、全方位，它更关注人的现实需要和未来发展，更注重开发和挖掘人自身的禀赋和潜能，更重视人自身的价值及其实现，并致力于培养人的自尊、自信、自爱、自立、自强意识，不断提高人的精神文化品位和生活质量，从而不断提高人的生存和发展能力，促进人自身的发展与完善。关注有效的教学方法：教学有法，教无定法，贵在得法。根据教学内容和学生特征，选择最适合学生特点的教学方式。地理学科常用的教学方法有：情境教学法、案例教学法、比较分析法、教学实验法等，当然还可以组织学生开展地理学科研学旅行。关注高效课堂教学：教师引领全体学生主动而积极地思考，在单位时间内高效率、高质量地完成教学任务、促进学生获得高效发展。关注自然的互动：地理课堂教学作为师生交流互动的活动，要自然和谐发展。

2. 立足时空维度，提升综合思维能力

在地理课堂教学中，教师们要立足从时间和空间两个维度来引领学生分析、思考地理问题。区域地理不是知识的仓库而是时空地理事象的框架结构，这些知识是靠一定的结构联系起来的，时间和空间就是分析和表述区域地理的两个基本标尺，因此要牢牢把握好不同的时空"尺度"。在高考备考复习创设不同时空尺度的地理问题，训练学生的区域认知能力。

如：图示区域地形特征与图示区域黄麻产区的地形特征，前者是整个图示区域地形特征，后者则是图示区域中有盛产黄麻的地区的地形特征。这两个问题的区别在于空间尺度的不同。

又如：长江三角洲能源短缺的原因；长江三角洲能源夏季短缺的原因。这两个问题看起来很相似，但答案差别很大，学生往往都答成同一个答案。关键在于没有把握好时空"尺度"的概念。第一个问题重点放在空间信息"长江三角洲"能源短缺的原因：长江三角洲经济发达，生产生活对能源的需求量大，常规能源缺乏。而从时间上看长江三角洲能源短缺是常年出现的问题。第二个问题"长江三角洲能源夏季短缺的原因"，这道题与前一道题的不同在于时间尺度问题其重点放在时间信息"夏季"。夏季由于空调等制冷设备的大量使用，使长江三角洲能源夏季短缺。

教师要教会学生关注地理事象在不同的地理时空的发展变化特点。如深圳濒临珠江口，邻近香港的位置早已存在，但在改革开放之初，将深圳列为经济特区后，其地理位置的优越性才得以充分显现。扬州、济宁是京杭大运河沿线的重要城市，古代因大运河成为繁荣的商业贸易城市，但随着现代交通运输方式的出现，后来又逐渐衰落。

立足时空维度，提升区域认知水平，这是促进学生地理核心素养形成的重要途径。任何地理事象离开了一定的时间和空间都无从谈起。有了空间概念，才会有空间结构和空间联系，才会有地理事物、地理现象的空间分布、空间结构、空间联系和发生、发展、演变。从时空维度分析解决地理问题能很好地帮助学生建立时间概念和空间概念，不仅体现了区域地理的区域性和综合性，也能帮助学生梳理地理知识的系统结构与联系。

3. 关注思维品质，培养地理综合思维

思维品质是人的思维个性特征。思维品质反映了每个人个体智力或思维水平的差异，主要包括深刻性、广阔性、灵活性、创造性、批判性、敏捷性等方面。提高地理综合思维能力，要特别关注思维品质，拓

上篇 学思践悟行致远

展思维横向的缜密性、纵向的深入性。

在教学中教师要有意识地引导学生横向思维，使学生尽可能多地联想到所学内容的平行部分，即横向的知识。引导学生能从几个方面或从几个角度思考同一个问题，促进地理思维深刻性和广阔性的发展。例如，与江苏、浙江相比，说明横县有利于茉莉生长的气候条件。要从高温期、生长期降水量、湿度、气象灾害等方面进行横向拓展。再比如，简析图示黄麻产区的气候特征。要从全年气温、降水量特点以及干湿季月份分布、气温、降水特点等方面进行思考。

纵向的深入性思考则是理顺地理关系，延伸思维链条，进行层层深入的思考，直至达到事物的内部或中心，从而把握事物的本质和本质联系的思维。例如：试对"河上很少有桥"这一现象做出合理解释。一是因为人口稀少—河运输需求小—没必要建桥；水网稠密，水运便利—水运代替陆地上的桥上运输—没必要建桥；二是河面宽，水量大—修路搭桥成本高，技术难度大—当地技术落后、资金不足—没有能力建桥；三是建桥对雨林环境破坏大—造成生态破坏—政府不支持建桥。

4. 开展地理实践，提升地理实践力

地理知识从实践中来，地理教育要走向实践。地理实践活动课程开发是地理教学改革的一道亮丽的风景线。地理实践力是地理学科核心素养之一，它通过各种地理实践活动来实现，不仅包括野外考察，还包括动手制作实验、参与社会调查、参观访问、旅行体验、宣传教育、参与规划等方式。我们可以利用校园气象站、气象图表绘制、校园天气预报、星象观测活动、地理模拟实验、地理野外考察、社会调查等实践性教学活动，实现从"学科学"转换到"用科学"，把从课堂的"教"延伸到课外的"学"。

三、总结

核心素养引领下的高考试题，让许多教师感觉到似乎"教的都不考，考的都没有教过"。因此只有真正站在核心素养的角度进行教学才能跳出"教的都不考，考的都没有教过"的怪圈。核心素养的落实，显然不仅仅是对教学内容的选择和变更，它更是以学习方式和教学模式的变革为保障的。要深化课堂教学改革就必须以学生学习为主线去设计，以真实的地理情境设置地理问题，让学生在对问题的追寻中，从学习知识到解释真实世界。

思维综合与区域认知能力的培养需要到大自然中感悟，在大自然中辨认方向、认知地貌、分析区位的选址，等等，从"实践"中直接探究分析。因此落实地理核心素养，包括人地协调观、综合思维、区域认知、地理实践力四大方面。四大核心素养是相辅相成的。随着新一轮课程实施方案的改革，地理教学也必然迎来新一轮教学改革。

谈获取和解读地理信息能力培养的基本途径

一、关于"获取和解读地理信息能力"的理解

关于获取和解读地理信息能力描述："能够从题目的文字表述中获取地理信息，包括读取题目的要求和各种有关地理事物定性、定量的信息。能够快速、全面、准确地获取图形语言形式的地理信息，包括判读和分析各种地理图表所承载的信息。能够准确和完整地理解所获取的地理信息。"所谓"获取和解读地理信息能力"是指学生通过地理学科的学习，掌握从图文材料获取和解读地理信息的方法和技巧，最终形成获取和解读地理信息能力，能够从自己身边的生活情境、生产情境、学术情境中获取和解读地理信息，提升自己解决和分析问题的能力。

二、获取和解读地理信息能力培养的基本途径

在地理情境创设中，地理信息融入各种问题情境，隐藏于"字里行间"，隐藏于"图表信息"之中。"字里行间"的文字信息主要是情境的文字材料、问题题干；"图表信息"主要隐藏于图像和表格的名称、图例、注记。地理信息展示的方式有两种方式：一种是显性信息，另一种是隐性信息。但不管是显性信息，还是隐性信息，我们归结为一句话："穷尽图文，答案自现。"获取和解读地理信息能力培养说到底就是要让学生"练就一双慧眼"，用地理学科眼光看世界。

方法一：从情境文字材料解读和获取地理信息。

题材新颖，时代性强，关注当今国内国际热点问题，体现地理学科的应用性，这种试题特点符合新课程理念。而这些新材料、新情境的文字表述中，"字里行间"隐藏着重要的地理信息，而这些信息的解读不仅要求学生提升阅读能力，更要引导学生提升核心素养。

案例1：（2010年全国卷2文综第9~11题）据报道，某年3月9日，我国科考队在中国北极黄河站（78°55′N，11°56′E）观看了极夜后的首次日出。完成9~11题。

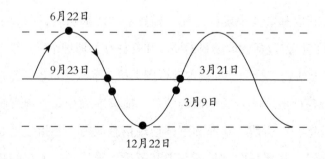

9. 当日，科考队员在黄河站看日出时，北京时间约为（　　　）

A. 10时

B. 13时

C. 16时

D. 19时

根据材料"某年3月9日，我国科考队在中国北极黄河站（78°55′N，11°56′E）观看了极夜后的首次日出"。题目的重点词眼"首次日出"，就是这道题隐藏的重要地理信息点，也就是"题眼"。首次日出说明黄河站由极夜转为有昼夜交替现象，即昼长由0小时逐渐增加。另外也说明了太阳刚好升起，就得落下，当地昼长为接近0时，因此当地地方时为12：00左右，黄河站与北京时间的经度相差约为108°，时间差约为7小时12分，即北京时间约为19：12，故第9题应该选D。

案例2：（2010年江苏卷地理第1题）2010年3月以来，北大西洋极圈附近的冰岛发生大规模火山喷发，火山灰蔓延使欧洲航空业蒙受重大损失。下图为火山喷发图片。回答1～2题。

1. 导致冰岛火山灰蔓延到欧洲上空的气压带和气流是（　　　）

　　A. 副热带高气压带和西风

　　B. 副极地低气压带和西风

　　C. 副热带高气压带和东北风

　　D. 副极地低气压带和东北风

根据材料，题干中的"北大西洋极圈附近的冰岛"已经有了明确的暗示，"北极圈附近"就是"题眼"，由此可知冰岛所在的纬度位置，但需要说明的是冰岛位于北极圈以南，只要知道这一点，结合全球气压带和风带的位置，很容易得到答案B。

方法二：从图形语言中解决和获取地理信息。

图形语言形式是地理学科的工具和载体，文科综合试卷地理试题已经逐渐形成了"无图不成地理"的试题命制风格。我们要教学生学会读图的顺序和读图的方法。首先要从图名入手，找到时间、空间信息和主题信息。如2023年广东省人口密度分布图，时间2023年表示图中信息为广东省2023年这一年人口密度的分布情况；空间上展示是广东省；主题是人口密度。其次是地图三要素：方向、比例尺、图例和注记。最后是空间信息的解读和趋势变化的分析。以下面案例为例来介绍如何解读。

案例3：（2010年江苏卷地理第8题）图4为世界1月平均气温范围示意图（图略），下图为某地年内各月气温变化曲线与降水量柱状图。读图回答7～8题。

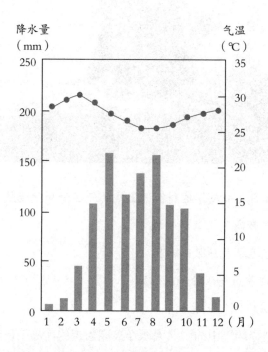

8. 甲、乙、丙、丁四地中，气温和降水特征与上图所示信息相符的是（　　）

    A. 甲地

    B. 乙地

    C. 丙地

    D. 丁地

根据气温曲线和降水柱状图可以判断出气候类型应为热带雨林气候，而甲地属于热带沙漠气候，乙地属于热带草原气候，丙地位于南亚，属于热带季风气候，丁地是热带雨林气候。这里需要具体区别热带草原气候和热带季风气候，见下表。

	热带季风气候	热带草原气候
降水总量	较多（1500—2000mm）	较少（750—1000mm）
雨季长短	短（6—9四个月）	长（5—10六个月，北半球）
降水集中程度	热带季风气候相比热带草原气候降水更为集中于夏季，季节变化大	
降水增减速度	陡增陡减	缓增缓减
分布地区	仅分布在亚洲的南亚、东南亚	南北半球均有
形成原因	海陆热力性质差异；气压带、风带位置的季节移动	气压带、风带位置的季节移动
最少月降水量	没有为零的月份	可能出现为零的月份

案例4：（2010年广东卷文综第2题）我国甲、乙两地均位于29°N附近。读"1971—2000年甲、乙两地各月气温和降水分布图"，可知（　　）

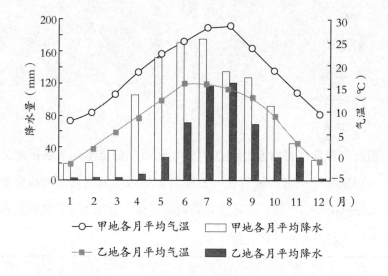

A. 甲地年平均气温较乙地低

B. 乙地降水较甲地丰沛

C. 乙地是高原山地气候

D. 甲地属温带季风气候

材料提示甲、乙两地均位于我国29°N附近，这是一个大概位置；根据气温曲线和降水柱状图，甲地最热月平均气温高于25℃，最冷月平均气温为8℃，4—10月为当地雨季（降水多，超过100mm），属于亚热带季风气候；乙地冬冷夏凉，5—9月降水较多，应属于高原山地气候。故C选项为正确答案。

方法三：从情境材料所提出的问题本身获取地理信息。

地理问题本身就隐藏着答题的范围、答题的角度、答题思路。我们要引导学生从问题的题干去寻找答案。比如：问题的状语往往提示了答题的范围，"从什么来分析""根据什么来看"类似这样的问法。定语则提示了答题的角度和要注意的时空尺度。关键动词如"分析""解释""说出"，提示了答题深度和广度。

案例5：材料二　瑞士经济发达，但95%的原料、能源依靠进口。第一、第二和第三产业从业人员比例分别为4%、23.3%和72.7%。瑞士素有"钟表王国""金融帝国"和"会议之国"之称，钟表制造十分发达，已有数百年的历史；全国共有银行6000余家，苏黎世是国际金融中心之一；瑞士也是许多国际组织的所在地，每年仅在日内瓦召开的国际会议就达6000个之多，2007年游客过夜数达3636万人次。（瑞士位置示意图和瑞士简图略）

（5）从资源、劳动力、市场等因素分析瑞士成为"钟表王国"的工业区位条件。

问题本身就告诉了我们应该如何回答。"从资源、劳动力、市场等因素"三方面进行分析。从资源方面分析，瑞士原料、能源贫乏，客观上趋向发展占地少、耗费原料和燃料少的工业部门；从劳动力方面分析钟表工业发展历史悠久，基础雄厚，劳动力技术熟练，工艺精湛，世代相传；从市场方面分析旅游业、会展业发达，可以为钟表业提供广阔的市场。

案例6：37.（21分）图8为某国简图。读图8并结合所学知识，回答下面问题。（图略）

（4）说明该国气候、地形对发展该类型农业的不利影响。（6分）

同样，问题本身就告诉了我们应从"该国气候、地形"两方面分析，题目中已经给出答题思路的一定要用，而且不要超出题目要求。

从气候方面分析该国热带季风气候，雨季降水集中（暴雨），（热带季风气候降水变化率大，在水稻生长需水量大时）如果雨季来得迟、去得早（或降水偏少），易形成旱灾。

从地形方面分析该国地势低平排水不畅，易发生洪涝灾害。

案例7：阅读图文材料，完成下列要求。

形成玄武岩的岩浆流动性好，喷出冷凝后，形成平坦的地形单元。如下图所示，海拔500米左右的玄武岩台地上，有较多海拔700米左右的玄武岩平顶山，及少量海拔900米左右的玄武岩尖顶山。调查发现，构成台地、平顶山、尖顶山的玄武岩分别形成于不同喷发时期。

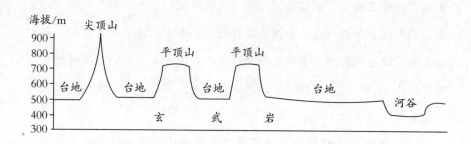

（1）指出玄武岩台地形成以来因流水侵蚀而发生的变化。（6分）

"指出玄武岩台地形成以来因流水侵蚀而发生的变化"，我们可以对这个问句进行缩句，最后变成"台地的变化"，这样问题就简单了。台地的变化可以从三个维度去考量，就是长、宽、高的变化，再简单一点就是面积大小、高低起伏的变化。然后回扣题目来回答就是，"玄武岩台地形成以来因流水侵蚀，起伏加大，面积变小"。

解读和获取地理信息要贯穿整个地理教学过程，从一点一滴培养，从日常的生活情境入手，日积月累，方能练就一双慧眼，铸就学科眼光。

潮州市潮安区江东镇溪东种养专业合作社生态旅游观光农业研学设计

一、什么是观光农业

观光农业是指广泛利用城市郊区的空间、农业的自然资源和乡村民俗风情及乡村文化等条件，通过合理规划、设计、施工，建立集农业生产、生态、生活于一体的农业区域。观光农业伴随全球农业的产业化发展，人们发现，现代农业不仅具有生产性功能，还具有改善生态环境质量，为人们提供观光、休闲、度假的生活性功能。

二、本地观光农业研学地点——潮安区江东镇溪东种养专业合作社

1. 潮安区江东镇溪东种养专业合作社简介

潮州市潮安区溪东种养专业合作社于2019年成立，位于潮州市潮安区江东镇澄江公路下湖村，基地位于韩江江畔，土地肥沃，生态环境优越，是一家集农业种植、加工、产品销售及农业旅游的三产高度融合及社会服务于一体的农民专业合作社。

2. 潮安区江东镇溪东种养专业合作社的发展情况

在江东镇大力推进撂荒耕地复耕复种，实现农村集体土地经营权确权的背景下，合作社于2019年成立，自成立以来按照依法、自愿、有偿的原则，打破过去一家一户的沟壑界线，实施土地复垦计划。通过铲平荒地、改良土壤，将原本分散的小块农田进行整合等措施，完成了1169亩农田整合、复耕，为实现大面积的规模化种植奠定基础。1169亩农田以种植水稻等粮食作物为主，推行水稻规模化种植，通过与专业农机服务单位深度合作进行指导生产，引进了一大批新型农业机械，已经实现了农田全机械化生产。合作社基地每年水稻收割完大规模种植毛豆、土豆及芥菜，从而提高复耕指数，提高土地利用率，在去年末及今年初取得了不错的成效及收获。合作社积极发挥水稻机械化示范带头作用，以期推动全区乃至全市水稻生产机械化的发展，在市、区、镇各级政府及农业等相关部门的关心支持下，去年以来，合作社承办市、区、镇及同行业的水稻生产机械化现场会、演示会及培训班8场次。

"溪东"合作社水稻、蔬菜产业成绩得到了潮安区区政府的高度肯定，2019年，合作社被推荐为江东镇下湖村水稻"一村一品"项目承担单位，利用建设"一村一品"特色农产品专业村的重大契机，打造了100亩高标准优质水稻种植示范基地。2020年，被推荐为潮安区蔬菜

2020年区级现代农业产业园承担主体单位，同时合作社水稻农田全机械化得到了各级政府的肯定，经全省各市农机推广部门推荐，合作社成为2020年广东省水稻机械精量穴直播技术及农用无人机水稻直播技术示范点承担主体单位。同时2020年获得了"潮州市青年创业示范园""农民专业合作社省级示范社"等称号。

合作社积极打造休闲农业科普教育基地，促进三产融合，合作社基地建立的"潮安区溪东农旅休闲观光园"得到了省、市、区各级政府的高度认可，2020年获得"潮州市青少年户外实践基地""潮州市青少年田间学校"，2021年获得了"广东省休闲农业与乡村旅游示范点"荣誉称号。

合作社积极发挥示范带动作用，成立至今现已带动了本村及周边村庄近200个劳动力进行耕作。合作社于2020年开始进行扶贫工作，通过引导贫困户到田地工作和对村所有12户精准扶贫户进行每月的生活补助，并于2020年年底捐赠5万元支持镇上扶贫工作；还捐赠了一些设备设施给村小学，积极承担社会责任。

3. 潮安区江东镇溪东种养专业合作社未来发展规划

2020年，合作社致力构建"基地+景点+产业"新模式，推进"农旅一体化"。在冬季到春节期间，规划打造了总面积380亩农业观光旅游点，在"两大基地（摄影基地、科教基地）、五大片区（综合服务区、梦幻花卉观光区、优质稻科技示范展示区、精品蔬菜标准化种植示范区、水果采摘体验区）"的景观效果布局下主推"三大特色产品（观赏采摘、科普教育、主体旅游）+三大体验项目（农作物体验、农耕活动体验、日常活动体验）"，最终打造成潮州市潮安区特色的旅游景点，为基地带来高效益，为农户带来高收入，增加农业的产业质量，突出农业现代化、科技现代化的新型农旅产业，增强我们的旅游品牌。现园区范围内基础设施已达到相应的建设规范和公共安全卫生标注，生产生活垃圾实行无害化处理，合作社乡村"农业+旅游"规划于2022年中全面完成。

合作社未来将继续加大力度来提升农民合作社规范化水平，强化合作社品牌，增强农民合作社服务带动能力。按照"传统农业高端化、特色农业品牌化、乡村旅游特色化"的发展思路，一是继续做好大面积种植基本农产品，积极发展新业态新模式，通过第一、二、三产业融合，将农产品加工进入市场进行升华，利用新媒体平台以及当下态势进行发展新型销售模式，创响"粤字号"品牌。二是促进农民合作社间的联合与合作，加强合作社示范引领作用，带动农民创收。三是将乡村特色旅游、农业观光列为长期发展壮大的目标，利用本地"乡土人情、区域特色、农田风光"等特色带动周边人气，示范引领城乡融合发展，推动全区域旅游的前进，全力促进乡村振兴，做好乡村振兴先行者！

三、研学线路

1. 坐小火车观看水稻田

上篇　学思践悟行致远

思考：

（1）为什么下湖村能一夜成为"潮州网红地"？

（2）实地调查下湖村水稻种植与周边村庄有何不同。

2. 廊桥下观花

思考：

（1）从过去常年失收的香蕉地到如今丰收的连片良田，下湖村土地流转有哪些成功的经验？

（2）下湖村土地流转和适度规模化经营带来哪些方面的好处？

3. 在绿皮火车里品尝工夫茶

（1）下湖村旅游特色项目开发是否具有独特性？请提出改进的意见和建议。

（2）下湖村旅游特色项目开发是否有考虑农事活动的安排和观光旅游活动的计划协调有序？具体如何安排？

4. 韩江畔考察韩江水

思考：

（1）作为全国十大"最美家乡河"，韩江水质为何能长期保持Ⅱ类标准以上？

（2）为何从前江东流传着一句话"江东三年不做水，猪母也戴金耳环"？

下 篇

聚力基地
促发展

基地建设，深化实践教学改革

创新教研，赋能教师

——2021年广东省基础教育初中地理教研基地（潮州市）中期总结

广东省基础教育初中地理学科教研基地（潮州市）自2021年8月立项以来，我们立足于潮州市初中地理教育教学教研实际，基于课堂教学实践，加快潮州市初中地理教师专业化成长。积极开展创建新课堂教学活动，以科研兴学科，以科研兴教育，促进高品位初中地理特色学科创建，推动高素质教师队伍发展，致力于学生高素质形成，使全市初中地理教科研工作迈上了一个新台阶。

一、加强领导，强化引领

组建新的教研共同体，形成区域初中地理教研联动机制。由市学科教研员庄楚金老师牵头和统筹，构建市县校"上下联通，左右互联，资源共享"的联片教学教研的新格局，逐步形成市—县（区）—基地学校—教师四级教研联动机制。

1. 重心下移，发挥市级教研员在基地建设中的领导作用

学科教研基地成立以市级教研员为引领的学科教研基地市级教研

领导小组，负责对全市初中地理学科教研基地统筹和领导，制订教研基地三年行动方案，落实每年的教研计划和任务，带领市县校三级学科中心组及九所基地学校开展初中地理教学教研工作。在教研基地建设工作中，市级教研员身体力行，率先垂范，做基地学校学科教研的领头雁。每学期市县（区）教研员都能为全市教师开设市级初中地理公开课，学科主题教研讲座。三年市级教研开设的公开课达到10节以上，开设初中地理学科讲座20场以上，直接受惠教师达到1000人次以上。组织系列教研活动，开展集中的线上线下培训教师活动，累计50场以上，带领了基地学校和骨干教师提高专业能力，促进了学生学科素养的提升。

2. 健全机制，强力支撑基地学校的地理教师专业成长

构建市—县（区）—基地学校—教师四级教研联动机制，强力支撑基地学校的地理教师专业成长。为解决潮州市地理教师人数少、非专业出身、各校单兵作战的现实问题，我们通过"1+N""N+N"的教学教研联动机制，打造学科群、学科共同体，以破解现实中的难题。三年来，九所基地学校在基地的引领下，已联合开发教学设计和教学课件60节，打造精品课25节，这些精品课已上传国家智慧教育平台，成为全国、全省的样板课。同时各基地学校从外驱走向内生，基地学校先后制订了《各基地学校初中地理学科三年发展规划》《各学员三年成长规划》《各学期学员成长规划》等，积极开展校本初中地理学科教研，有效地调动了教师参与的积极性，提升了学生的综合素养。基地学校的各项校本教研工作制度，均是从实际出发，关注教师的发展。我们认为，制订规划的最终目的，是全体初中地理教师专业水平和综合素质的全面提高，只有坚持"求真务实"的精神，才能把初中地理学科教研工作落到实处，才能真正解决教育教学中的实际问题，才能有利于学校的健康发展。

3. 头雁计划，推动市级学科中心组在基地教研中的引领作用

制订三年的"头雁"培养计划，打造市级初中地理学科骨干力量。我们每年从基地学校、县区学科中心组挑选一批种子教师作为市级学科中心组成员，希望通过市级学科中心组平台打造一批学科带头人。市级学科中心组由市教研员亲自带领，每年人数为10人左右。中心组主要任务是组织市级以上的主题教研活动，组织原创试题开发，带领各校开展课题研究。三年来，依托市级学科中心组开展的教研活动超过20场，组织学科送教下乡10场以上，开展优秀教学成果展示10场以上。我们立项的省级课题"初中地理高效课堂教学实践研究"，已发表论文8篇，将于2024年结项。

二、三维培训，夯实理论

教师的教育理论素养决定了课改的深度和广度，因此广东省初中地理学科教研基地（潮州市）高度重视对基地教师进行教育教学教研的理论培训。从思想引领、主题教研、线上线下三个维度，夯实教师的理论基础，引导教师学会理性地思考教学问题，促进教师专业水平提升。

1. 强化思想引领，更新教育教学理念

自学科教研基地立项以来，我们集中精力进行了理论培训，着力更新教师教育教学观念。

从前期的基地教师专业发展调查中，我们发现教师急需学习的内容是国家教育政策、地理学科教育教学理论、现代化教学技术等方面。基地先后组织全体教师进行了师德教育、新教材培训、教科研培训、现代化教学技术培训及新课程理念下的课堂教学研究培训等，使基地教师教育理论水平和教学实践能力得以提升。

夏日绿意浓，研修亦缤纷。2023年7月16日至20日，广东省基础教育学科（潮州市小学语文、初中地理）教研基地开展联合研修培训活动。第一场讲座《新课标下的跨学科主题学习的教学实施》由广东省教育研究院施美彬教授主讲。施老师紧扣新课标精神，以生动鲜活的教学实例，睿智过人的语言，为我们深入解读跨学科主题学习的精髓要义，明确跨学科主题学习的育人价值，指引教师们追本溯源，理解跨学科主题学习的内涵要求，从主题学习的任务表述、实践路径、方

案设计和评价体系等多个方面，深度解析了跨学科主题研学的教学实施；有宏观前瞻的政策解读，透彻准确的课改说明；有深刻的理论解读，有务实的实践操作。举例生动，讲解明晰，为我们跨学科主题学习的教育教学实践提供了坚实的理论支持和明晰的行动指南！让跨学科主题学习既闪耀着理性的光芒，又碰撞出人文的光辉！第二场深圳市教育科学研究院白皛老师，契合一线老师的需求，带来讲座《基于核心素养的"学习任务群"设计》。白皛老师从核心素养的内涵、怎样理解"学习任务群"、怎样设计"学习任务群"、怎样处理好"单篇"与"单元（学习任务群）"的关系四个方面为我们深入详细地讲解核心素养下的学习任务群该如何设计。白老师的设计案例更好地帮助教师们厘清了大单元教学设计最基本的概念、思路，知道了"学习任务"与"学习活动"的关系；明晰了"主题"与"情境"的不同，懂得了"大主题""大情境"凝练的方法，非常具有实操指导意义。活动还邀请广州市教育研究院小学语文教研员林玉莹、华南师范大学博士廖文、中共潮州市委政策研究室副主任曾庆桦、佛山市顺德区小学语文教研员林雪玲、韩山师范学院地理科学与旅游学院副院长黄俊生、深圳市罗湖区教育科学研究院中学地理研究员刘春明、揭阳市中学地理（兼研学旅行）教研员吴洁芬、汕头市地理教研员陈晓畅等领导专家和学者作专题讲座。

教研花开盛夏时，同心掬得满庭芳。2022年8月8日至11日，潮州市教师发展中心组织了9所初中地理基地学校、10所小学语文基地学校全体学员130多人在韩山师范学院潮州师范分院开展了为期4天的集中研修培训活动。

2. 开展联动教研，提升教学教研的有效性

为进一步促进省、市教师发展中心协同发展，促进我市基础教育与粤港澳大湾区基础教育的交流，推进广东省基础教育学科教研基地的建设，2021年12月10日，我市省级学科教研基地（潮州）联合东莞市中小学教师发展中心、韩山师范学院广东省中小学教师发展中心开展"莞潮

下篇 聚力基地促发展

涌动，扬帆远航"主题研修活动，活动在我市湘桥区城西中学举行。东莞市中小学教师发展中心校本研训部（重大项目办）吴华主任为老师开设了一场题为《因需施训，成师达校》的主题讲座，为老师们分享校本研修的"东莞样式"，讲座内容精彩纷呈。

2021年11月16日，广东省初中地理学科教研基地（潮州）联合韩山师范学院广东省中小学教师发展中心主办的2021年粤东基础教育地理学科群"名师工作坊"活动在韩山师范学院附属实验学校举办。韩山师范学院地理科学与旅游管理学院李斌副教授、揭阳市教育局教研室吴洁芬老师、潮州市教师发展中心庄楚金老师、汕头市潮南区教师发展中心中学教学研究室陈铭强老师出席了本次会议，现场还有来自潮州、汕头、揭阳三市近五十名初中地理教师代表。

3. 组织线上线下培训，停课不停研，停课不停学

在基地建设的三年中，由于受到疫情的影响，好多教研活动难以开展。我们依托线上线下的各种资源做到"停课不停研，停课不停学"。为克服疫情带来的影响，我们定期邀请学科专家来基地学校给学员做专题讲座，通过线上线下培训，提升教师的专业水平。2021年9月6—7日，组织各基地成员线上观看学习，学习中国长春东北师范大学召开第一届全球基础教育论坛。2021年9月7—9日，广东省基础教育教研基地项目在腾讯会议平台开展第一次学术研讨活动。潮州市教师发展中心庄楚金老师线上研讨并发言，各基地学校教师通过现场直播参与活动。2021年12月24日，各基地学校教师参加第五届粤东基础教育信息化论坛线上学习。2021年12月29—30日，各基地学校教师参加2021年广东省基础教育教研员公共课线上培训活动。2022年1月7日，参加广东省教育研究院主办的"南方教研大讲堂"第二十七场《研学转变教学方式 实践赋能"双减"落地》学习。2022年9月，广东省初中地理学科教研基地（潮州）携手广东省初中地理学科教研基地（深圳市）联合开展线上教研活动，活动包括同课异构、评课研讨、专家讲座、教研沙龙，为潮州深圳两市贡献了干货满满的教学教研盛宴。

三、做实专题，激发热情

为了保证有效教研，各基地学校根据市学科教研基地的总任务和总目标，适时地规划各校的校本教研工作，提出各学校的教研专题，确立重点，统一基本要求。同时，要求各基地成员根据自己的教学实践，发现问题，生成课例，确定教研专题。再以青年教师自荐课、骨干教师示范课、专题研讨课等形式做实专题，使教研活动成为有效教研而不流于形式。2021年9月3日，潮州市教师发展中心地理教研员庄楚金老师和区教研员洪广玲老师携市、区地理学科中心组成员和其他学科教研基地学校负责人到湘桥区阳光实验学校进行学科教研基地学校建设的前期调研，并开展专题教研活动。9月11日，市地理教研员庄楚金老师，在城南中学初二级201班开设一节初中地理的市级公开课。9月13日，省初中地理学科教研基地"1+N"联动专题教研活动在潮州市湘桥区城西中学举行。 10月11日，市教师发展中心庄楚金老师、九所初中地理基地学校主持人在湘桥区阳光实验学校开展第二次调研活动。10月15日，由潮州市教师发展中心地理教研员庄楚金老师带领的全市九所初中地理学科教研基地学校的老师一行10人到我校开展智慧课堂教学学习活动，共同探讨在地理教学中如何更好与现代化信息技术的融合问题。学科教研基地还定期召开教研工作会议，了解情况、反馈信息，教师们畅谈研究的点滴心得，形成经验成果，再把教研专题上升为科研课题。基地学校已有三项课题获得省级立项，一项课题获得市级立项，一项课题完成了市级结题。

专题研究促进了初中地理老师的理论学习，理论研究又进一步深化了学科的教学实践，基地学校教师队伍也在研究的过程中得到提升。

四、多种举措，有效教研

为实施有效教研，基地根据各校的具体情况和教师的发展需要，采取了多种举措。

1. 岗位练兵，锻造师资

组织第三届广东省中小学青年教师教学能力大赛。12月9日，潮州市初赛在市金山中学举行。初中地理组参赛选手有来自潮安区雅博学校的陈少欣、潮州市高级实验学校的吴琛、饶平二中实验学校的陈雪琼、湘桥区阳光实验学校的田淑金四位老师，四位老师都来自初中地理基地学校。

组织2021年潮州市中学地理青年教师教学观摩比赛决赛。赛程长达一学期，范围覆盖潮州市各市直学校、各县区中学地理教师。于11月25—30日在市金山实验学校和市金山中学，分别举行初、高中地理青年教师教学观摩比赛决赛活动。经过市直学校、各县区层层选拔，共有16名青年教学能手参加此次比赛。活动中青年教师各展其才，展示了一场场精彩的"教学盛宴"。

2. 送教下乡，示范引领

为发挥市级教学研究机构和省基础教育学科教研基地教学服务作用，实现优质教育资源共享，助力城乡教育资源互补，增进城乡教师相互学习，市教师发展中心联合"广东省小学语文教研基地""广东省初中地理教研基地"于12月17日、21日、31日组织市县（区）教研员及各学科骨干教师，分赴饶平县樟溪镇、湘桥区铁铺镇、潮安区浮洋镇等乡镇的中小学校开展"送教下乡"活动，为乡村教师送去示范课、专题讲座等40多节，助力乡村教师专业成长。

3. 依托平台，承办活动

10月21—22日，初中地理教研基地学校承办2021年广东省"新强师工程"乡村骨干教师高级研修班跟岗培训。广东省"新强师工程"乡村骨干教师高级研修班来到金山实验学校和高级实验学校进行为期两天的跟岗学习。

努力实现更多从0到1的突破

不管什么时候，哪怕前方没有路，只要自己肯走，就会走出一条属于自己的路来。潮州市省级初中地理学科教研基地作为广东省第一批学科教研基地，没有前人的经验可以借鉴，因此从学科教研基地落地的那一天开始，就意味着我们要走一条从0到1突破的路子。我们要做的是前无古人的事业，走出一条从"无"到"有"、从"弱"到"强"的学科育人之路。

一、构建"3345四维成果"

数字记录成长，成绩见证奇迹。广东省初中地理学科教研基地从一片空白到"3345四维成果"构建，我们一步一个脚印践行曾经许下的诺言。从机制建设、团队培养、教学创新、模式构建多方面沉淀成果，我们正在书写潮州基础教育学科教研基地发展新的历史。从机制建设上，逐步形成了区域统筹发展机制、基地学校发展机制、课堂教学创新机制；从团队培养上，我们构建了基地学校先锋团队、市级学科精英团队、校外专家引领团队、粤东学科专家团队五大团队；在教学创新上，我们申报了潮州市"十四五"教育科研规划课题"初中地理高效课堂教学实践研究"；在模式构建上，项目聚焦"初中地理教师专业化发展"这一核心问题，坚持以"全面提升每一位初中地理教师的专业品质"为基本理念，通过专家引领、基地示范、整校推进、案例分享、教育科研、研讨交流等形式，更新教育教学观念，提升潮州市初中地理教师专业化水平。

三年来，初中地理学科教研基地组织教研员、一线名师和专家，

下篇 聚力基地促发展

在潮州市潮安区、饶平县、湘桥区、枫溪区、市直等80多所初中开展100余场同课异构、教学示范、专题讲座和教学研讨；全市有60000多人次教师参加活动，并从中受益。根据调查，活动的满意度达98%以上。

二、构筑"四位一体"教研模式

学科教研基地努力构筑"四位一体"教研模式。"四位一体"创新模式即是：示范科组精准帮扶、典型案例创新课堂、科研课题持续探索、学科论坛专业引领。"示范科组精准帮扶"就是由市级教研员下沉到基地学校，精准帮扶一所学校，帮助学校打造成样板学校。"典型案例创新课堂"就是由市级中心组教研团队定期帮助学校磨课，打造精品课，通过送课下乡，成果展示，进行教研推广。"科研课题持续探索"就是每一所基地学校都要承担一个课题项目持续探索，引领教师专业成长。"学科论坛专业引领"就是每个学期承办一场学科论坛，分享和推广教育教学的最新成果。

从学科教研基地到基地学校，从学科中心组到全市各县区地理教师，我们在地理学科创造着属于自己学科新的发展道路。省级教育科研课题立项，初中地理高效课堂教学落地研究，从0到1突破；省级研学旅行特色项目开发，实现特色项目，从0到1突破；学科四级联动机制打造，补上教师专业发展短板，从0到1突破；省级市级参赛捷报频传，荣获多项省级一等奖，从0到1突破；基地成员不断提升自我，突破自我，取得了多项荣誉称号，从0到1突破。

三、引领教师专业成长

大山不语，美在其中。广东省初中地理学科教研基地从无到有，从0到1的突破，凝聚了九所学科教研基地学校地理教师的智慧，书写了30多名地理教师专业成长的动人故事。基地学校潮州市高级实验学校邢广文老师，参与学科教研基地建设，在基地培养下迅速成长，2022年已经被潮州市教育研究与教师发展中心聘为市级地理教研员；基地学校潮州金山实验学校青年教师孙玲玲，在基地培养下迅速成长，担任潮州市地理中考评卷组组长，荣获潮州市中学青年教师教学观摩比赛一等奖，潮州市中小学青年教师教学能力大赛一等奖，获得"一师一优课，一课一名师"市级"优课"，多次参加学科教研基地组织"送课下乡"活动，开设公开课，参加2022年粤东基础教育地理学科群"名师进校园"活动，为韩山师范学院地理科学与旅游学院2019级地理科学专业学生开设学科讲座。高级实验学校青年教师陈惠莹老师，担任潮州市初中地理学组中心组组长，参加省中考命题培训，主动承担全市初二年级期末质量检测试题命题工作，使潮州市初中地理命题水平逐步提升，承担2021年广东省"新强师工程"乡村骨干教师高级研修班教师跟岗培训任务。湘桥区阳光实验学校王楚民老师带领学校地理组教师开展教研组建设，使学校地理学科教研组从0到1，从无到有，从弱到强，实现"零"的突破。

从学校、家长对地理的短视到学科地位逐步提升，从非专业教师的培训到地理教师的专业化发展，学科教研基地负责人、学科中心组老师用青春与热血，一步一个脚印，书写着地理教育人自己的成长故事。正是这样的进取精神，促使学科教研基地与地理教师共同成长，正是这样的实践过程，引导学科教研基地与教学改革协同发展。学科教研基地建设，营造了浓烈的教研氛围，促进了教师专业成长，为学生发展素养奠定了良好的基础。回望两年来的成果，基地学校市高级实验学校有了研学旅行团队，潮州学子爱上了研学活动，基地学校、市高级实验学校湘桥区城西中学地理教研组双双获评"广东省优秀教研组"称号，九所教研基地学校教师每年发表一篇以上文章，市级省级课题项目纷纷落地研究，主持人获评"潮州市教书育人优秀教师"，从无到有，从0到1实现了新的突破！

今天，我们相聚在潮州，共同奏响"学科育人，品质发展"的教育乐章；明天，从0到1再到无穷大，潮州市初中地理教育书写新的华丽篇章！

下篇 聚力基地促发展

创新"3345"四维培养模式

3年来，广东省初中地理学科教研基地（潮州市）致力于创新教学教研和教师培训模式，创造性地提出"3345"四维培养模式。我们始终坚持问题导向、目标导向，运用系统化整体性发展的思维，围绕市县（区）教育教学实际情况、教师和学生的需求、服务载体、资源整合等方面，提升基地在初中地理学科教师和学生的引领力、组织力、服务力和支撑力，推动"3345"四维培养模式构建，让基地成为支撑和推动基础教育高质量发展的"新"力量。

一、问题的提出

为做好广东省初中地理学科教研基地建设规划，我们开展了基地建设前期的调查。调查的形式主要是问卷调查、下校调研、校长专访、社会调查、学生调查等，我们把收集到的素材进行全面分析和深入研究。经过分析，我们得出下面的数据：受调查的10所学校中，缺地理教师的达到7所，受调查的50名地理教师中，40%是非地理专业出身；学校、社会、家庭对初中地理学科重视程度比较高的只占20%；从听课角度看，我们抽样的20节地理课中，基本上教学以基本知识为主，90%以上的课堂以讲代学，更糟糕的是，课堂教学存在不少知识性错误。可以看出教师专业能力急需提升、教学理念急需更新、学生综合素养急需提高。我们的任务是解决以下问题：

如何练好地理教师的基本功？

如何更新教师教育教学理念？

如何转变地理教师教学行为？

如何使教学从"知识"到"素养"？

如何从"学科育分"转向"学科育才"？

如何从"学科教学"转向"学科育人"？

以上问题归根到底是教师专业成长的问题。因此只有解决了初中地理教师专业发展的问题，其他问题才能迎刃而解。针对初中地理教师专业成长的问题，我们又进行了细分，对问题进行分解：从三个层次来进行培养，一是头雁计划，领航工程，解决学科核心团队的问题；二是强师计划，强师工程，解决基地学校的学科团队成长问题；三是强基计划，强基工程，解决全市初中地理教师的成长问题。

二、学科教研基地的主要任务

习近平总书记强调，发展是第一要务，人才是第一资源，创新是第一动力。基于前期的调查分析，我们认为初中地理学科教研基地项目拟解决的关键问题是潮州市初中地理教师的专业发展的问题。如何破解全市大部分初中地理教师非专业出身，教学观念陈旧的难题，是这个项目的落脚点，也是解决问题的关键。学科教研基地聚焦"初中地理教师专业化发展"这一核心问题，坚持以"全面提升每一位基地学员教师的专业品质"为基本理念，"3345"四维培养模式，最终提升潮州市初中地理教师专业化水平。

三、学科教研基地"3345"四维培养模式

为了进一步提升学科教研基地初中地理教师的教育教学水平，促进教师专业化成长，基地创造了"3345"四维培养模式。如图所示：

下篇　聚力基地促发展

"3345" 四维培养模式			
3-提升工程	**3-支撑机制**	**4-功能团队**	**5-引领资源**
培基工程 强师工程 领航工程	区域统筹发展机制 基地学校发展机制 课堂教学创新机制	基地学校先锋团队 市级学科精英团队 校外专家引领团队 粤东学科专家团队	基地学校常态引领 示范科组精准帮扶 典型案例创新课堂 科研课题持续探索 学科论坛专业引领

第一个"3"：是围绕潮州市初中地理教师专业能力提升问题，打造三大教师教学能力提升工程。一是面向全市初中地理教师的培基工程。二是面向基地学校初中地理教师的强师工程。三是面向市学科中心组教师的领航工程。

第二个"3"：三大支撑机制。一是区域统筹发展机制，以"基地+基地学校"的"1+N"联片教研模式，我们构建了"上下联通，左右互联，资源共享"的联片教研新格局，逐步形成市—县（区）—基地学校—教师四级教研联动机制。二是基地学校发展机制，通过开展初中地理高效的课堂教学研究，探索适合本地区的课堂教学模式和教研模式，积累大量来自一线教学实践的经验，以解决教师课堂教学理念陈旧，教学创新意识不强的问题。三是课堂教学创新机制，通过开展初中地理青年教师课堂教学观摩课比赛，青年教师教学技能比赛、送课下乡、学科论坛、市级公开课、专家讲座等活动，促进我市初中地理课堂教学方式变革，探索地理课堂教学的新模式和新方法，提升课堂教学效率，有序促进初中地理教师专业发展。

第三个"4"：四大功能团队。一是基地学校先锋团队，以基地学校为依托开展教学改革实践。各基地学校分式开发初中地理学科优质教育教学资源，形成可供全市各初中学校共享共同使用的优质教学资源包。初中地理学科优质教育教学资源开发的主要内容包括：多媒体课件、教学设计、练习与试卷等。依托市—县（区）—基地学校—教师四级联动机制，进行分册分章节开发。通过同课异构，教学展示课进行实验和推广。用三年的时间进行实验和收集、整理。二是市级精英团队，由市初中地理中心组教师组成。通过市级学科精英团队打造、示范科组精准帮扶、典型案例创新课堂、科研课题持续探索、学科论坛专业引领等方式，以解决初中地理教师教学存在的全局性、系统性、典型性的问题。三是校外专家引领团队，由基地聘请校外知名专家担任。主要负责培训基地骨干教师和学员。四是粤东学科专家团队，依托粤东基础教育学科群教师开展"名师工作坊"活动。

第四个"5"：5个引领资源。一是基地学校常态引领，以基地学校开发的优质教学资源包与薄弱学校交流，带动教育均衡发展。二是示范科组精准帮扶。重点打造一批省级示范科组，带动各学科教研组建设。三是典型案例创新课堂。植根潮州文化，结合初中地理教学，开展研学旅行特色项目开发。依托基地学校市高级实验学校、湘桥区城基中学、湘桥区城西中学开展研学旅行课题实验，让研学旅行真正成为"行走的课堂"。引导学生用眼睛观察社会，用心灵感受社会，用思考探究社会，从与自然、历史和社会方方面面接触中获得更真实的自我体验，从而建立起学习与生活的有机联系。四是科研课题持续探索。每个基地学校至少参加一项市级以上的教育科研课题研究。解决教育教学中的实际问题。五是学科论坛引领。以《潮州教育》为平台，打造开展学科论坛活动，提升教师的写作能力。

四、"3345"四维培养模式的优势

1. 促进了初中地理学科专业建设和教学改革，对于深化基础教育课程改革起到了推进剂的作用

学科教研基地"3345"四维培养模式，在专业建设的过程中，始终关注教育教学的发展动态，促进初中地理学科从"学科育分"向"学科育人"转变。教育现代化的本质是人的现代化，更是教育思想和教育理念的现代化，但是根据我们的实地调研，广大初中地理教师的教育理

下篇　聚力基地促发展

念和教育思想转变还不够到位。因此在"3345"四维培养模式推进过程中，基地培训强调要充分发挥其对教育理念、教育思想转变的推动作用，促进教育理念的深化，使广大教师解放思想，摆脱"育分教育"的束缚，适应新时代对人才的需求。

2. 发挥"基地+学校"的优势，推动高效课堂教学落地落实

学科教研基地注重整体推动，通过骨干引领，联片教研，分区域分章节开发课程资源，推动高效课堂教学落地落实。每所基地学校都参与学科教研基地的省级课题"初中地理高效课堂教学实践研究"，承担课题的子课题研究，使课堂教学质量得以提升。每所基地学校都参与国家智慧教育平台"精品课"开发，使每所基地学校都能出"精品"课，提升基地教师专业能力。每所基地都参与送教下乡活动，以活动促教研，以教研促课堂教学质量提升。

3. 开拓了基础教育新的教研模式，实现了优势互补资源共享

随着目前初中地理学科教研基地影响力的日益扩大，"基地+学校"的教研模式逐步形成，"3345"四维培养模式已初见成效。学校初中地理学科建设要依赖基地发展，学校的教学资源更需要基地的支撑。"3345"四维培养模式体现了基地与学校的合作，学校与学校之间的资源共享。这是紧密型的结合，学生、学校、基地，你中有我，我中有你；是富有弹性的结合，教研基地由此具有开放性、柔性化，学校利用基地的教育资源、专家团队资源；基地利用学校教学实践成果，共享给其他学校；学生在"基地+学校"的发展中享受优质教育教学资源，实现三赢的机制，但最终的赢家是学生和社会。因此"3345"四维培养模式开拓了基础教育新的教研模式，实现了优势互补，资源共享。

基地研修促进教师专业成长

教师专业发展是指教师作为专业人员，在专业思想、专业知识、专业伦理、专业素养和专业能力等方面不断发展和完善的过程，即从教学新手到专家型教师的过程。目前潮州市初中地理教师存在较严重的结构性缺编问题，从我们调查的9所基地学校的50名地理教师来看，有30名教师是地理专业毕业的，有20名教师是非地理专业毕业的。也就是说，我市有不少地理教师都不是地理专业教师，而是由各学校的其他学科教师兼任或转任的。这种结构性缺编的问题在潮安区、饶平县更加突出。非专业出身的地理教师急需专业能力提升，这是基地建设过程中面临的难题。广东省初中地理学科教研基地（潮州市）聚焦"初中地理教师专业化发展"这一核心问题，引导地理教师改进教育教学方式，提高地理教师教书育人能力，指导地理教师更新教学观念，改进教学方法，提高教学研究、教学设计、教学实施、教学反思能力。通过专家引领、基地示范、整校推进、案例分享、教育科研、教研沙龙等形式，促进初中地理教师专业发展。

为了解决地理教师非专业出身，急需补专业知识，地理教师教育教学观念滞后于时代发展要求的问题，潮州市教育研究与教师发展中心在全市遴选了9所初中地理学科教研基地学校，启动了三年基地教师研修计划。其工作定位和目标是：为初中地理教师的专业发展提供支持和服务；开发科学可行的课程资源；培养具有高专业品格、高专业技能、高合作精神的地理优秀教师队伍，在全市、全省初中地理教师专业发展中发挥示范、引领、带动、辐射作用。我们努力摸索基地研修的多种策略，以此实现省市县（区）校、基地+基地学校、基地学校带周边学校的"1+9+N"的辐射带动机制的建设。几年来的实践探索和研究，初步形成了以下五大基地教师研修策略。

一、构建"1+9+N"模式，打造专业平台

构建"1+9+N"模式是初中地理学科教研基地在组织教师研修实践探索中提炼出来的工作思路。"1"代表广东省初中地理学科教研基地（潮州）核心团队，由市、县区教研员、基地骨干教师组成，这是基地的核心平台。"9"代表分布在全市的九所基地学校。"N"代表由基地和基地学校辐射的众多的周边学校和教师。

1. "1+9+N"依托"省学科教研基地平台"，打造研究与培训双中心

以省学科教研基地平台为核心，打造初中地理学科教育研究与教师发展"双中心"。即：通过努力，逐步建成省级初中地理教师专业成长中心基地和省级初中地理教育教学研究中心，教育教学教研活动长抓常新；建成"潮州市初中地理骨干教师培训基地"，同时逐步实现全市初中地理教师培训全面覆盖；逐步扩大学科教研基地在全省全国的影响力。

2. "1+9+N"聚集9所"基地学校"，打好优势牌

围绕1个中心和9所示范学校，辐射N所学校，共享优质教育资源，提高教育教学质量；每所基地学校都有各自的教育教学研究重点和攻关的难点，形成各自的特色和成果。基地通过构建松紧有度的管理、服务和培训体系，充分发挥各学校的优势，实现资源共享和优势互补，巩固品牌建设成果，提升辐射带动能力。

二、引导教师广泛阅读，铸就专业底色

常言道："腹有诗书气自华。"读书与不读书的人，日积月累，终成天渊之别。初中地理学科教研基地每年都会购买地理学科专业书刊供基地教师学习，让地理教师不断地读书、努力学习、终身学习，持续提升知识内涵和专业素质。

1. 精读专业书刊，提升学科素养

特别是非地理专业出身的地理教师要学习地理专业的主干课程包括：地理科学概论、地球概论、地质学基础、地貌学、气象学与气候学、水文学、土壤地理学、生物地理学、地图学、地理信息系统基础、人文地理学、经济地理学、综合自然地理、遥感概论、环境学概论、中国地理、世界地理等专业主干课程。为全体基地学校教师列出书目，如：《中学地理教学理论研究与实践探索》《地理标志助力乡村振兴典型案例汇编》《现代地理科学词典》《发展中的中国现代人文地理学》《冰雪世界的远征》《地理学中的解释》《中学地理教学设计与技能训练》《小活动 大智慧——初中地理活动课程》《有趣得让人睡不着的地理》《极简地理学》《给孩子的历史地理》《学习、教学和评估的分类学：布鲁姆教育目标分类学修订版（减缩本）》《初中地理教师专业能力必修》《走进生活： 初中地理个性化作业设计分析》等，每位基地教师要精读这些著作。精读的要求是教师要用自己的语言，写出所学所思所感，要提炼主要结论和创新点，写出读后感。

2. 泛读相关领域的书刊，引导厚积薄发

荀子的《劝学》中写道："故不积跬步，无以至千里；不积小流，无以成江海。骐骥一跃，不能十步，驽马十驾，功在不舍。锲而舍之，朽木不折；锲而不舍，金石可镂。"教师除了学习专业书刊以外，还阅读了大量古今中外教育学著作。如：《论语》《孟子》《学记》《大学》，柏拉图《理想国》，夸美纽斯《大教学论》，卢梭《爱弥尔》，康德《康德论教育》，裴斯泰洛齐《林哈德和葛笃德》，赫尔巴特《普通教育学》，杜威《民本主义与教育》，苏联的苏霍姆林斯基《给教师的一百条建议》《帕夫雷什中学》《把整个心灵献给孩子》《学生的精神世界》《给儿子的信》等。

三年来，学科教研基地教师通过自学、研学、读书会、学科论坛等形式，在专业上得到迅速成长。

三、引进名师教学资源，汲取专业营养

初中地理学科教研基地依托潮州市教育局、潮州市教育研究与教师发展中心平台，融通省市县（区）校四级联动教研体系。基地团队是开放的团队，全国的教育专家、广东省的知名专家、粤东基础教育学科教育专家都是我们宝贵的资源，我们从他们身上汲取专业营养，实现了在名师引领下的专业成长。

近年来，学科教研基地借力华南师范大学、岭南师范学院、韩山师范学院等师范类院校的优质教育资源，初中地理学科教研基地不断优化地理教师培养途径，教育质量与服务水平不断提高，教师队伍建设初见成效。

作为学科教研基地的主持人，我努力把自己的成长历程、工作经验、教育思想等呈现给基地成员分享，让大家在学习、分析、总结、提升的过程中实现共同成长。

四、集中开发精品课例，规范专业行为

教研基地以"国家基础精品课例"开发为抓手，借助精心组织的教学过程开展教学行为干预，以规范教师学科教学教育教学行为。基础教育精品微课的制作和录制有严格的要求：①坚持正确方向。贯彻党的教育方针，落实立德树人根本任务，尊重教育规律，体现素质教育导向，在意识形态、民族宗教、领土国界等关键问题上不能有偏差。②确保科学严谨。严格依据国家课程标准和 2022 年秋季学期前最新修订的教材，保证学科知识内容和授课语言的科学准确，保证情境素材的真实性、适切性和权威性。③突出课堂实效。遵循新课程标准要求和学科教学改革方向，充分考虑学科性质和不同学段学生学习特点，有效解决课堂教学的重点、难点问题，注重发挥学科德育功能和综合育人功能。④注重制作规范。教学目标明确、教学过程完整、教学资源充足、摄制技术规范，语言、文字、符号、单位等使用要符合规范，精品课（除外

语课程外）应使用国家通用语言文字，不得有任何广告。

教研基地开展微课制作，一方面为教师利用信息技术和数字教育资源转变教学方式、创新教学方法、改变课堂教学提供理论和实践指导，帮助教师总结凝练信息技术与课堂教学深度融合的优秀案例和创新模式；另一方面积极引导本地学校开展校本教研，使校本教研成为一种常态工作机制。

通过精品课开发，激发教师教学热情。充分调动广大教师投身课堂教学的积极性、创造性，促进教师深入研究课程教材内容，融合应用现代信息技术，创新教学方式方法，提高课堂教学质量和教育教学能力，展现新时代人民教师风采。服务学生教师使用。满足学生自主学习和个性化学习需求，为学生预习、复习、开展探究式学习和项目式学习提供服务，促进减轻学生过重学业负担；支持教师课堂教学，为教师优化教学设计、丰富教学内容、开展线上线下混合教学等提供服务。促进优质均衡发展。促进优质教育资源共享使用，帮助农村学校开足开齐开好国家课程，加快提升农村教育质量，缩小城乡教育差距，促进构建优质均衡的基本公共教育服务体系。

五、线上线下教研联动，催生研修新样态

教研基地研修活动采用线上线下教研联动的方式，突破区域限制，打破传统学校有形边界和物理空间，解决了乡村学校地理教师单兵作战的实际困难。基地学校实施同备同研同教下的"云端"多师教学新模式，推进"跨校教研联动"为扩大优质教育资源覆盖面提供新解法。

教研基地直面潮州各初中学校地理教师少、校际差异大的难题，与各基地学校一同探索嵌入式同研同培教研模式，有针对性构建线上线下教研联动模式。每学期，九所基地学校各承担一些章节的教学设计、课件、作业练习的前期设计，由学科教研基地进行集中审核，再发给各所基地学校结合各自的校情进行修改。通过线上线下相结合的方式，与

教研员、学科专家开展教研活动，充分发挥集体智慧和"长板效应"，进行二次修改。各学校结合自己的教育教学实践，进行教学反思，提出三次修改的意见。这样每学期的教育教学资源就不断得到优化。高频次、嵌入式、生成式的线上线下互动教研，不但带动地理教师强化课堂教学、信息技术应用等专业能力，还培养了教研团队，激发了教师教研的热情，打通校际融合共进的智慧通道，助推义务教育优质均衡发展。

三年的省级初中地理学科教研基地研修历程，让我们深刻地感受到，基地团队研修是促进教师专业成长的有效途径，在专业引领下获得发展。专业知识是不容忽视的问题，针对一群非地理专业的教师，如何教出专业的知识，确实是我们头痛的问题。这就需要一支专业的团队去帮助他们走出教育教学的误区。

在教研联动中获得发展。每位教师手中的教学资源是非常有限的。新课程改革，使教师感到需要群体力量的支撑，需要同伴智慧的分享，需要专家的引领。团队的集体学习、研讨可以让教师分享集体智慧，了解多元化的教育价值观。因此，教师在集体组织的团队学习研讨中可以获得更快、更好的发展。

在课堂教学实践的历练中获得发展。教育教学的主要阵地是课堂。教师的教育理想与追求、教学艺术与手段都是在课堂实践中得以实施的。因此我们认为，教师要在长期的课堂实践中历练自己，要注意案例的积累与研读，特别是在团队的教学设计多层次修改的过程中、在对案例的研究中提升对课堂教学本质的认识，提高执教能力，进一步积累自己的实践知识，努力形成自己的实践智慧。

初中地理高效课堂教学策略研究

2021年以来，广东省初中地理学科教研基地（潮州市）致力于开展初中地理高效课堂教学实践和策略研究。为此，学科教研基地深入全市各初中学校开展地理学科课堂教学观察、问卷调查、师生走访、文献查阅和区域教研交流活动，我们发现当前我市初中地理课堂教学确实存在低效和无效教学的种种现象。我们试以初中地理学科教研基地为依托，寻找学科素养落地的模式，引导初中地理学科教学回归本真教育，打造高效课堂教学，促进教师专业化发展，最终落实立德树人根本任务。

一、当前初中地理课堂教学低效的表现

1. 课堂教学理念未能更新

尽管新课程标准已经实施，老师们也参加了省、市、区级的初中地理新课程标准培训，但是不少地理教师的教学理念仍然没有更新，课堂教学创新意识不够强，教学仍以知识立意为主。我们在深入课堂听课和调研中，发现当前的课堂教学存在三大误区。一是地理课堂是教师的课堂。课堂是教师讲教材，"诵读"教材的课堂。教师总以为把教材中的每一个知识点教好了就行；教学拘泥于教材，不敢有所创新，不敢突破教材的束缚。二是地理课堂是知识课堂。把各单元各章节的知识列成知识提纲，然后要求学生背诵和默写，就完成任务了。三是地理课堂就是室内的40分钟。地理课堂教学脱离学生生活，脱离生产实践，难以激发学生的学习兴趣，学习难以做到学以致用。

2. 课堂教学目标意识淡薄

不少地理教师课堂教学目标意识薄弱。对于每一节课教学要"学什么""学到什么程度""怎么学怎么教""怎么评"，教师心中无标，学生更加茫然。对于教学目标缺乏科学系统的分析和设计：一是新课标学习不深不透，对于新课标中的"内容要求""学业要求""教学提示"没有认真学透，导致教学的方向性不明，存在"为了教材而教学"的现象。二是教材的分析不到位，只看到地理学科知识，看不到知识的形成过程，看不到知识背后的地理学科思维；只看到每个章节的教学内容，看不到课程总的教学目标，看不到章节之间的联系，存在"盲目教学"的现象。三是学情分析不足。有些教师课堂教学根本没有做好学情分析，没有注意到学生的"最近发展区"的问题，忽视了学生的个性差异，课堂检测和课后作业的设计脱离教学实际，缺乏针对性，教学效率低。

3. 课堂教学方法单一传统

当前初中地理课堂教学方法仍以讲授法为主，方法单一传统，新课标倡导的"做中学、创中学、用中学"没有得到实施。这种以讲授法为主的地理课堂，老师站在讲台上讲得天花乱坠，学生在下面听得昏昏欲睡。采用这种教学方式，教师容易"完成"自己认为的所谓"教学任务"，因此被不少教师青睐。而学生没有机会思考为什么，教学的效率非常低。这样的课堂日复一日，学生必然失去学习地理的兴趣。

4. 课堂教学设问不合理

初中地理教师课堂教学设问的水平不高，课堂教学问题设置比较随意。在深入学校听课过程中，常常发现教师所提的问题本身就有问题，无效问题、假问题、无价值问题充斥课堂，很多提问耽误了学生宝贵的课堂学习时间，影响了课堂教学效率的提高。有些问题过于简单，给学生思考的空间较少。比如，长江的源头在哪，长江有多长，我国人口总数是多少等问题。比如，播放一个视频，然后设问："同学们，看完了这个视频，你的感受是什么？"这种指向不明的课堂设问，学生根本没法作答。"从中国与美国的国土面积，分析我国土地资源的特点。"问题本身存在逻辑问题，从国土面积无法推断中国土地资源特点。有的问题设置得太难，让很多学生无从下手。也有些课从开始到结束，老师一个问题也没有设置。久而久之，这样的地理教学没有达到应有的效果，出现了低效教学。

二、初中地理课堂教学低效的原因

1. 社会、学校、家庭对初中地理学科重视不够

长期以来，社会、学校、家庭对初中地理学科重视程度不够，导致地理学科的育人价值和育人功能被削弱。从中考分数层面上看，潮州市初中地理学科折算为30分计入中考，学校、家长、教师和学生存在短视行为，对地理学习重视不够，不少学校地理教师配备不齐或不足，非地理教师承担地理教学任务的现象普遍存在。在抽样调查的数据中，全市40%以上的地理教师是非地理专业出身，特别在潮安区、饶平县尤其突出。

2. 地理教师对地理课堂教学重视度不够

有些学校认为地理是副科，不影响学校的教育教学质量，不影响学生今后的发展，所以对地理教学重视不够，未能从教师教育教学评价上促进教学改革。教师对地理课堂教学比较随意，教学上出现不少知识性错误，这很大程度上也影响了学生的认知，进而导致初中生不认真学习地理。非地理专业出身的地理教师专业素养仍需提升，这是一个长期学习和实践的过程。教师本身如果不够重视，很难快速成长。

3. 地理教师对新课程标准理念理解不深

新课标要求教师从情境中提出问题，再转化为解决问题的任务，促使学生在完成任务的过程中领会和建构知识。比如：《世界地理》部分要求教师引导学生利用地图和其他资料，了解世界地形、世界气候基本的空间分布特征；结合具体案例，运用数据、图像等资料，描述和简要

归纳世界人口、城乡、文化的基本特征与空间分布特点；用比较、分析的方法，认识世界发展差异与经济全球化的重要意义。这些教学要求新课标讲得很清楚，教师却没有认真理解要求，没有按照新课标要求实施教学，而是按照自己对教材和教辅的理解来开展教学。

4. 地理教师对课堂教学缺乏高效的意识

地理教师对于自己的课堂教学也会注意效率的问题，但是关注的重点是课讲完了没有，做了多少题，背了多少知识。关注教学进度的完成，忽视了教学目标的达成度。由于初中地理每周基本上都是上两个课时，上课的时数不多，因此教师普遍注意追赶进度，完成教学任务，而无视课时目标、单元目标、课程目标的达成。课堂教学注重知识的灌输，忽视学习的情感、态度和价值观，忽视学科素养的培养。

三、构建初中地理高效课堂教学策略

1. 加强新课程标准培训，转变教师教育教学观念

教师教学观念的转变不是一蹴而就的事，必须在推进课堂教学改革的实践过程中不断推动教师观念的转变，进而转变教师的教学方式。学科基地以新课程标准培训为抓手，立足一线教育教学实际，破除教学三大误区，我们及时地对初中地理教师进行教学研究上的理论培训和专业教学实践指导，促进教师提高课堂教学效率。围绕潮州市初中地理教师高效课堂教学的问题，打造三大教师教学能力提升工程。一是面向全市初中地理教师培基工程。通过全员轮训、青年教师教学能力大赛、精品微课设计比赛等，开展面向全体教师的"岗位练兵"。二是面向基地学校初中地理教师的强师工程。以基地学校为样板，开展高效课堂教学改革实践。各基地学校分别开发初中地理学科优质教育教学资源，形成可供全市各初中学校共享共同使用的优质教学资源包。三是面向市学科中心组教师领航工程。每年选用思想觉悟较高，教学能力、组织能力较强的"市、县级骨干教师"组成市级初中地理学科中心组，让他们成为基

地教研活动的先锋队，组织各项常规教研活动：课标学习、钻研教材、集体备课、评价交流、专题研讨等。同时以初中地理学科中心组为主体，组成基地教研活动"示范者"队伍，带头学习、发言、上示范课，推动课堂教学变革，提高课堂教学效率。

2. 打造学科教研基地平台，构建四级联动教研机制

广东省初中地理学科教研基地构建四级联动教研机制，深入开展高效课堂教学研究。为了解决初中地理教师非专业出身，急需补专业知识，地理教师教育教学观念滞后于时代发展的要求等问题，基地在全市遴选了9所初中地理学科教研基地学校，启动了三年教师研修计划。以"基地+基地学校""基地学校+N"的联片教研模式，构建了"上下联通，左右互联，资源共享"的联片教研新格局，逐步形成市—县（区）—基地学校—教师四级联动教研机制。

3. 强化教研的专业支撑，为课堂改革提供专业指导

充分利用国内省内高等学校、科研院所、学术团体等机构的专业力量，开展相关的课堂教学研究、教学案例研究等，为课堂改革提供专业指导。三年来，学科教研基地聘请国内、省内的专家学者到潮州市讲学达到100人次以上，直接受惠地理教师达到2000人次以上。另外，强化市、县区地理学科教研员教研重心下移，教研员每学期蹲点到一所初中学校开展高效课堂教学研究，强化薄弱环节的指导，确保各类各项教研活动发挥应有的服务、引领作用。

4. 开展教学设计培训，提高课堂教学的有效性和针对性

针对调研发现的课堂教学问题，学科教研基地每年都组织专业的团队对初中地理教师进行教学设计专题培训，在培训过程中我们采用了"研学训展一体化"的培训模式，让老师们边思边学边改。在教学设计培训上，我们有针对性地开展了以下内容的培训：如何实施地理新课程标准；如何进行教学目标的设计；如何变革课堂教学方式；如何提高课堂教学效率；等等。围绕教学目标的设计，我们提出"四步走"的方略："分析课标、理解教材、分析学情、撰写目标。"对教学目标设计

下篇 聚力基地促发展

提出了四点要求："有据可依、切实可行、明确具体、规范表述。"

"路虽远行则将至，事虽难做则必成。"面对当前课堂存在低效教学的现象，如何引导初中地理学科教学回归本真教育，打造高效课堂教学，我们还有很长的路要走。相信在广东省学科教研基地的引领下，我们一定能走出一条初中地理高效课堂教学创新之路。

乘势而上　起而行之

2021年8月27日上午，潮州市教育局在湘桥区城西中学举行省基础教育学科教研基地项目论证会暨启动仪式。会议采取线上线下融合、场内场外联动的方式进行，基地核心团队、基地学校负责人，评议专家和市、县（区）教师发展中心负责人，市、县（区）小学语文、初中地理教研员等40多人参加了会议。广东省教育研究院地理教研员、广东高等教育出版社董事长施美彬，广东省教育研究院研究员杨建国，广州大学地理科学与遥感学院院长吴志峰教授，韩山师范学院地理科学与旅游学院院长陈菁教授，韩山师范学院文学与新闻传媒学院副院长张福清教授，韩山师范学院教育发展研究院林浩亮副院长，韩山师范学院文学与新闻传媒学院罗小娟教授，韩山师范学院潮师分院石瑜副院长，韩山师范学院潮师分院教务处主任林朝虹教授，潮州市绵德中学教研室主任、特级教师陈森民老师十位专家受邀对本项目进行评议。

初中地理学科基地负责人庄楚金老师分别阐述项目建设实施方案，从项目建设背景、目标、内容、具体举措、创新之处、进度安排、人员分工、经费使用计划、预期成效和成果等方面对项目实施方案进行详尽论述。论证评议专家逐一进行详细点评，提出了具有建设性的意见。

广东省教育研究院地理教研员施美彬肯定了初中地理学科教研基地项目的亮点：目标明确，视野开阔，内容丰富，同时也给出了从理论视角、哲学视角、心理学视角等不同视角去观察项目，进一步完善项目建设的研究，同时也对教师师德、专业素养、信息技术运用和科研能力方面提出新的要求，这些都是项目开展过程中需要努力克服和提升的方

向。同时，专家们也提出了几点改进意见：一是目标要更具体、更细化，研究方法要进一步优化，研究内容要更丰满；二是要借鉴同行的研究成果，进一步突出项目亮点，形成成果；三是项目立足自身的同时，放眼珠三角或省外优秀兄弟单位，建设开放性的交流。

市教师发展中心谢泽雄主任对各位专家提出的宝贵意见和建议表达了诚挚的谢意，并号召项目团队认真听取专家意见，汲取专家智慧，继续完善实施方案；对照基地项目建设目标要求，努力寻求提升教研品质和学科育人的有效途径；希望学科教研基地要紧扣立德树人根本任务，充分发挥教研体系支撑作用，积极探索出切合潮州市教育的教研机制和工作机制，助推潮州市基础教育高质量发展。

省级教研基地立项和启动是潮州基础教育的一件盛事，是省教研院对潮州学科教研工作的认可和重视，这既是一项荣誉，更是一份责任、一份担当。潮州市教师发展中心将用心用情用力执行好省教育研究院相关政策，让教研基地各项指标落地落实，科学谋划，扎实推进项目工作，强化组织协调，真正做到把基地办好，把项目办实。

省初中地理（潮州）教研基地举行中期汇报会

旧岁已展千重锦，新年再进百尺竿。为推动广东省初中地理学科教研基地（潮州市）的建设，充分发挥教研基地的示范引领作用，促进初中地理教师专业发展，2023年2月17日潮州市教育研究与教师发展中心组织市、县区初中地理教研员，全市九所初中地理学科教研基地学校负责人在湘桥区阳光实验学校举行省初中地理学科教研基地中期汇报会。

广东省初中地理学科教研基地项目自2021年立项以来，聚焦"初中地理教师专业化发展"这一核心问题，通过专家引领、基地示范、整校推进、案例分享、教育科研、研讨交流等形式，努力更新教师教育教学观念，提升初中地理教师专业化水平。两年来，学科教研基地组织教研员、一线名师和专家，在我市潮安区、饶平县、湘桥区、枫溪区、市直等80多所初中学校，开展40余场同课异构、教学示范、专题讲座和教学研讨，全市有6000多人次教师参加活动并从中受益。

本次中期汇报活动分三部分：基地学校中期汇报、优质示范课展示、基地学校主题教研。

一、基地提素养，砥砺致高远

潮州市金山实验学校、潮州市高级实验学校、湘桥区阳光实验学校、湘桥区城西中学、湘桥区城基中学、潮安区庵埠镇华侨中学、潮安区雅博学校、饶平县第二中学实验学校等基地学校学科负责人结合各自学校的基地建设情况，进行了中期总结汇报，并提出了下一阶段的工作计划。

二、好课展风采，教研无止境

湘桥区阳光实验学校薛思真老师代表基地学校开设了一节《亚洲概述》中期汇报课。薛老师能落实新课程标准提出的新教育教学理念，让

下篇　聚力基地促发展

学生在做中学，悟中学，创中学。在课堂教学中，注重启发学生在真实情境中解决地理问题，让学生在真实情境中学会解读和获取地理信息。

三、师指一条路，烛照万里程

公开课结束后，市县（区）教研员、各基地学校教师进行了主题教研活动。结合公开课的开设情况，围绕初中地理学科课堂教学改革提出了建设性的意见和建议。同时总结了两年来全市初中地理教育教学取得的成绩和存在的问题，提出了下一阶段学科教研基地的目标任务和具体的工作安排。

雄关漫道真如铁，而今迈步从头越。广东省初中地理学科教研基地将从机制建设、团队培养、教学创新、模式构建多方面沉淀成果，凝心聚力，共建共享，充分发挥基地的示范引领作用。

共享共研，区域教师携手成长

初心不改，携手同行

——省初中地理学科教研基地"1+N"联动教研活动在城西中学举行

2021年9月13日，由市教师发展中心举办的省级初中地理学科教研基地"1+N"联动教研活动在我校举行。市教师发展中心地理教研员庄楚金老师和来自全市各县区九所基地学校的核心成员参加了活动。本次活动是以省级初中地理学科教研基地为平台，积极探索区域"1+N"联动教研新途径。教研活动从强化师资队伍建设，提升教师理论素养，提升课堂教学质量，促进教师专业成长，完善教研教学一体化，实现资源共享等方面进行深度研讨。

城西中学苏静婉老师为大家展示了一节《地形》的示范课。苏老师以歌曲《好汉歌》及与河流相关的古诗词导入这节课，极大地激发了学生的学习兴趣。在课堂教学中，苏老师循循善诱，引导细腻，着重指导学生如何阅读地图，让学生学会利用地图学习地理。在"地势的影响"这一部分教学中，苏老师善于利用思维导图帮助学生理清知识结构，注重培养学生的综合思维能力。

　　市教师发展中心庄楚金老师透过课堂观察，结合当前我市初中地理教学现状，提出了"让地理课堂真正成为学生成长的地方"的观点。初中地理课堂教学要真正落实从"知识"教学到"素养"培育的转变，从"学科教学"到"学科育人"的转向，最终落实立德树人根本任务。基地学校要深入课堂，从学生成长来理解课堂，设计课堂，使之真正成为学生成长的舞台。"1+N"联动教研增强了校本教研的实效性。学科教研基地活动，透着股浓浓的学术味儿，大家聚在一起，研学训一体化，从学科、学生、教师等不同角度深度探讨，提升了教学教研效果，有效促进了教师专业化发展。

　　市教师发展中心地理教研员庄老师围绕省初中地理学科教研基地项目拟解决的关键问题带领大家进行深度教研。一是探索基地学校初中地理课堂教学质量提升策略，以基地学校为样板，开展相关研究，引领辐射市内其他学校课堂教学变革，带动全市初中地理教育教学高质量发展。二是结合本地区课堂教学实际，开展基于核心素养的课堂研究，探索适合本地区的课堂教学模式和教研模式。三是从区域统筹发展机制、基地学校发展机制、课堂教学创新机制三方面支撑教研机制创新，激活初中地理教师教学教研活力，构建"上下联通，左右互联，资源共享"的联片教研新格局，逐步形成市—县（区）—基地学校—教师四级教研联动机制。学科教研基地的建设不仅给学校提供了梳理学科特色、总结经验的机会，同时搭建了一个全市学科交流、创新的平台，为学科教研注入更多活力，带动区域教师专业化成长。

下篇　聚力基地促发展

智慧课堂展风采，教研交流促成长

　　2021年10月15日，由潮州市教师发展中心地理教研员庄楚金老师带领的全市九所初中地理学科教研基地学校的老师一行10人到意溪中学开展智慧课堂教学学习活动，共同探讨在地理教学中如何更好与现代化信息技术的融合问题。

　　前来调研的教师走进课堂，观摩了陈汝欣老师开设的一节题为"黄河"的智慧平板展示课。课堂中，陈老师充分利用希沃易课堂的学科资源，通过现场感十足的图片和视频资料让学生直观地了解学习"黄河"这一节的知识，同时感受了黄河的壮美。课堂上通过小组合作讨论、"治黄专家"的角色扮演、课堂竞赛活动等环节充分发挥了学生的主体作用，调动了学生的积极性，同时也运用智慧课堂数据的及时反馈，评价学情。

课后的集体评课上，教师们畅所欲言，对陈老师的展示课进行了点评，充分肯定了本节课采用"希沃易课堂"开展智慧课堂教学的优势，同时提出了宝贵的意见。最后庄楚金老师进行了总结发言，他对陈老师的平板教学展示课给予了充分的肯定，同时也指出，智慧课堂应充分体现学科与现代信息技术的融合度，在课堂教学中应多开发和使用智慧平板的教学功能，使信息化技术更好地服务于课堂教学，从而提升课堂的教学效果。

通过本次活动，进一步提高现代信息化技术与学科教学的融合度，努力构建高效课堂。我们坚信意溪中学"智慧课堂"这朵智慧之花将更加美丽！

"强师德，铸师魂"主题研修活动

2021年10月29日，我市小学语文、初中地理两个省级学科教研基地在湘桥区城西中学举办"强师德，铸师魂"主题研修活动。活动邀请了韩山师范学院教育发展研究院副院长、广东省中小学教师发展中心执行副主任林浩亮为基地学员做专题讲座。参加活动的有市、县（区）教师发展中心初中地理教研员，全市9所基地学校全体学员等。

林浩亮副院长为大家开设了《习近平关于教育的重要论述与教育现代化》的专题讲座。林院长旁征博引，从立场（为谁培养人）、观点（培养什么人）、方法（怎样培养人）三个方面带领大家学习了习近平关于教育的重要论述与教育现代化。林院长的理论指导深入浅出、生动有趣，让老师们对习近平总书记关于教育的重要论述有了更深刻的认识，明确了教育的初心和方向，受益匪浅。

在活动展示环节，枫溪瓷都实验小学陈宛老师为基地成员展示了全省"百部精品党课"《岭上巾帼 傲梅风骨——左联潮籍烈士冯铿》。她从冯铿的身世、文学成就、革命之路进行阐述，激情讲述了这位潮籍革命女烈士短暂却灿烂的一生，令人深受感动和鼓舞。

活动结束后，老师们纷纷表示，本次研修活动内容精彩，受益匪浅，讲座切合实际，启迪思路，为基地学校研究指明了方向。初中地理学科教研基地号召全体教师不忘初心、牢记使命、爱岗敬业、教书育人，争做有理想信念、有道德情操、有扎实知识、有仁爱之心的好老师。

莞潮涌动，扬帆远航

——省基础教育学科教研基地（潮州）联合东莞市中小学教师发展中心、韩山师范学院广东省中小学教师发展中心开展主题研修活动

2021年12月9—11日，莞潮涌动，扬帆远航——"七棵树"莞邑良师沙龙暨粤东基础教育学科群"名师工作坊"、广东省基础教育学科

教研基地联合主题活动在我市成功举办。

本次活动聚焦"双减"政策下的学校特色课程建设，旨在贯彻落实《关于进一步减轻义务教育阶段学生作业负担和校外培训负担的意见》《广东省教育厅关于做好全口径全方位融入式帮扶粤东粤西粤北地区基础教育高质量发展工作的通知（2022—2025）》等文件要求，进一步加强省、市教师发展中心协同，促进粤东基础教育与粤港澳大湾区基础教育的交流，推进潮州市广东省基础教育学科教研基地、校本教研基地、校本研修示范校、校本研修培育校的建设。

参加本次活动的有东莞市中小学名师团队，韩山师范学院广东省中小学教师发展中心专家团队，我市省级小学语文、初中地理基础教育学科基地学校骨干教师，我市省级校本教研基地、校本研修示范校骨干教师等80多人。

10日上午，东莞市中小学教师发展中心李兵校长介绍了东莞市中小学教师发展中心的发展历程和未来规划，分享了东莞市中小学教师发展中心在培训体系、主题研修、莞邑良师论坛等方面取得的成功经验和做法。东莞市中小学教师发展中心校本研训部（重大项目办）吴华主任为教师开设了一场题目为《因需施训，成师达校》主题讲座，讲座内容精彩纷呈，成为老师们分享校本研修的"东莞样式"。

　　10日下午，在城西中学举行主题沙龙活动。活动主题："双减"政策下的学校特色课程建设。韩山师范学院心理学副教授、省级中小学教师发展中心专家库成员陈洵，东莞市寮步中学校长、省名教师工作室主持人、省特级教师彭盛，东莞市松山湖北区学校教师、省特级教师、全国教育科研先进工作者、省基础教育领军人才高飞，东莞市石龙镇中心小学校长、英语高级教师、东莞市名校长工作室主持人聂惠芳，潮州市湘桥区城南小学校长，省小学名校长工作室主持人苏东青，潮州市韩山师范学院实验学校（集团）城西中学副校长、化学高级教师、省名教师工作室主持人谢纯等老师分别做了主题讲座，分享了各校"双减"政策下学校特色课程建设的做法和成果。我市省级初中地理、小学语文学科教研基地学校教师踊跃提问，与各位名师展开多方面的交流互动，深层探讨"双减"政策下的基地学校特色课程建设。

　　"莞潮涌动，扬帆远航"主题研修活动，既传道又解惑，既有来自东莞的"校本研修案例"，又有来自韩师高校教授的专业指导，还有本地名师的现身说法。三地互动交流学习，促进了我市各基础教育学科教研基地学校、校本研修示范校提升校本教研能力，进一步推动"双减"政策在潮州落地开花。

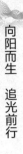

区域联盟共教研，齐心协力共成长

——广东省基础教育教研基地初中地理（潮州市）专题研讨活动

为促进教师专业化成长，增进各校之间的互助协作，实现区域教育教学资源的共创共享，2022年1月5日，在潮州市教师发展中心的统筹安排下，在潮安区雅博学校开展了地理联合教研活动。

我校陈少欣老师在804班展示了一节《交通运输业》的复习课。陈老师运用导学案的方式对主要的考查点进行整合，同时结合近年的中考题目，讲练结合，使学生温故知新，掌握规律，提升答题的方法技巧。最后运用"潮汕环线建成通车"的视频让学生分析交通建设对区域的影响，联系实际，学习对生活有用的地理知识。

　　教学活动结束后，参与活动的领导、教师进行了交流互动。教师们从不同的角度对陈老师的复习课进行了精彩的点评，充分肯定了陈老师课堂教学的优点，也提出了宝贵的建议。

研而有道，众行致远

　　为发挥省基础教育初中地理学科教研基地的示范引领作用，促进教师专业化成长，实现区域教育教学资源的共创共享，2022年3月14日，潮州市教师发展中心地理教研员庄楚金老师携各区县地理教研员、市地理学科中心组成员及各基地学校骨干教师齐聚潮安区启成学校开展地理教学调研活动。

　　潮安区启成学校谢欣老师目前承担了整个七年级8个班级的地理教学工作，教学任务较为繁重。同时，因地理组仅谢老师一人，平时难以开展地理专业的教研活动。活动观摩了启成学校谢欣老师执教的七年级下册《欧洲概述》第一课时的内容。

在课后的评课研讨中，各位老师充分肯定了谢老师课前的准备工作、融洽的课堂氛围和细致的读图引导。同时，对如何上好一堂区域地理课进行交流研讨，指出了应该不断改进相关教学问题，如怎样准确地把握教材及重难点，怎样用简洁准确的语言设置和描述教学问题，等等。来自不同学校的同行们在这次教研活动中互相交流探讨，受益匪浅！

最后潮安区地理教研员林振湖老师和市教师发展中心地理教研员庄楚金老师做了总结。林老师提到应以生为本，立足教材，深挖教材并适当延伸，提高课堂效率。庄老师则强调要把知识立意转化为能力和素养立意，加强学生自学能力和学科思维、创新意识的培养和提升。

春日迟迟，教研不止。本次活动充分发挥了教研员在学科教研中的引领指导作用及基地学校的辐射作用，为提升初中地理教师专业水平提供了平台，充分调动了教师参与教学研讨的积极性。

下篇 聚力基地促发展

线上线下同步教研，提升教师专业发展水平

　　为提升我市初中地理教师教育教学水平，更新教育教学理念，我市省级初中地理学科教研基地和深圳市罗湖区教研院联合开展地理教研工作。广东省（潮州）初中地理教研基地各基地学校于2022年4月20日至21日通过腾讯会议参加深圳罗湖区教研院举办的"智慧教育与个性化学习"与"乐学规律与乐教艺术"等课程线上培训活动。培训活动后，我市各基地学校地理教师积极开展线下教研活动，进行学习心得体会交流。

金山实验学校教师：在李克东教授的《智慧教育与个性化学习》讲座中，我们了解到智慧教学是教育现代化的重要内容，通过开发教育资源，优化教育过程，以培养和提高学生的信息素养。

湘桥区城西中学教师：李教授的报告让我看到不同年级、不同学科的老师对于智慧教育的实施和课堂教学过程的整体把握。智慧课堂作为一种新兴的教学形式，以建构主义学习理论为依据，利用"互联网+"的思维模式和大数据云计算等新一代信息技术，重构课堂教学流程结构，采用先学后教、以学定教的模式，打造智能高效的课堂。

潮安区雅博学校教师：在今天这样一个多元的社会环境里，学生乐学具有重要的教育价值，教师在教学过程中要掌握一定的策略和技巧，充分调动学生学习的积极性，达到学生乐学、教师乐教的效果。

下篇　聚力基地促发展

饶平县城西实验学校教师：智慧的课堂需要有智慧的教师。一个墨守成规的教师会阻碍学生个性的发展，扼杀学生的童真、天性，时代需要我们作为学生智慧成长的引导者、促进者和自我智慧成长的反思者、实践者。作为一名教师不仅需要广博和专精的知识，更需要机敏、豁达的智慧，要用智慧的心灵去点燃学生智慧的头脑。所以，在未来要不断充实自己，不断提高自己的能力。

湘桥区阳光实验学校教师：在李克东教授的《智慧教育与个性化学习》讲座中，大家进一步认识到了智慧教育的内涵——智慧教育本质

上是数字教育的进一步发展，它整合物联网、云计算、大数据、移动通信、增强现实等先进信息技术的增强型数字教育，严格意义来说也属于数字教育的范畴，是数字教育的高级发展阶段。此次的网络学习以及学习讨论过程中，我们感受到了此次培训开阔了我们教师教学研究视野，启发了教师改变思考问题的角度。

潮安区庵埠镇华侨中学教师：在教学中，适度给学生"自主权"和"自由权"，让他们自己去尝试和体验。并通过互相交流，在培养学生的主动性和创造性的同时，增强学生对学习的兴趣。

饶平县第二中学实验学校教师：课堂教学的信息化，需要我们不断探索，努力实践，现代化教学手段将发挥越来越大的作用，使我们的课堂不断地焕发出新的生机活力，让学生学得更轻松、更有趣，使课堂真正成为学生快乐的学习家园。

此次活动为我市初中地理基地学校搭建了两地交流学习的平台，对提升初中地理教师专业水平有良好的促进作用。

双减背景下的初中地理高效课堂教学展示

——广东省初中地理学科教研基地教学研讨活动在城西中学举行

春风和畅，阳光正好。2022年4月28日上午，广东省初中地理学科教研基地在潮州市湘桥区城西中学开展了"双减"背景下初中地理高效教学展示及研讨活动。在本次活动中，城西中学黄晓红老师进行了课堂展示，潮州市教师发展中心地理教研员庄楚金老师对活动给予了点评与指导。

黄老师在八一五班执教的《等高线地形图的判读》复习课上给大家呈现了一节充满智慧的课堂。她以梯田为导入创设情境，娓娓道来，引领学生回顾了过往的内容；以讲练结合为主轴加强检验，环环相扣，推动学生巩固了所学的知识；以实景图对比呈现各个击破，层层提升，助力学生破解思维障碍。

　　课后的评课研讨中，教师们纷纷畅所欲言对黄老师的展示课进行了点评。大家对黄老师的深厚教功以及课堂教学中流露出的自信从容、循循善诱表示高度的赞赏——在难题突破中，黄老师巧妙地利用了形象直观的实景图帮助学生从感观认知中解开疑惑，课堂教学稳步推进，条理清晰，内容丰富。

　　结合当前"双减"背景，就《等高线地形图的判读》这一复习课堂内容及当前我市初中地理教学与复习现状，庄老师进行了专业化的指导：针对初中生难以理解的地理事物，教师可从"形象思维—抽象思维—归纳提升"的设计思路进行思维培养；复习在于"少而精"，重在"难点突破"；要知晓学生作答困难所在，结合经典题型，增强学生的思维技能的训练，减负课堂教学，提升课堂效益。

　　春种一粒粟，秋收万颗子。本次活动在思维火花的碰撞中落下帷幕，而"减负增效"的教学实践种子已悄然落在教师们心中，相信每一位参加的教师都能秉承高质量的教学理念，在践行"双减"政策中，不断深耕课堂增效益。

省初中地理学科教研基地举行
"云端教研"活动

　　为进一步推进广东省基础教育初中地理学科教研基地的实践研究，我市教育研究与教师发展中心联合韩山师范学院省中小学教师发展中心、地理科学与旅游学院开展了粤东基础教育地理学科群"名师工作坊"活动。活动于2022年12月20日在潮州、汕头、揭阳三地设置学科分会场，采用以线上线下相融合的方式举行。

　　韩山师范学院地理科学与旅游学院副院长吴雁彬、主任李斌，汕头市教师发展中心地理教研员陈晓畅、揭阳市教育局教研室教研员吴洁芬、潮州市教育研究与老师发展中心庄楚金教研员参加线上活动。来自粤东三市的初、高中地理教师相聚云端进行了研讨。

下篇　聚力基地促发展

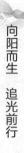

　　活动分为专家专题讲座和交流研讨等环节。在简短的开幕式之后，由揭阳市许裕婉老师和潮州市庄楚金老师分别带来题为《一境到底的情境式微专题复习策略——以工业微专题为例》和《入情入境入理入心》的两场专题讲座。随后来自韩山师范学院地理科学与旅游学院的李斌副教授、汕头市教师发展中心的陈晓畅教研员、揭阳市教育局教研室吴洁芬教研员、潮州市教育研究与教师发展中心庄楚金教研员在线上与教师们展开交流研讨。

　　"云端"教研，走向全国。数据显示，本次活动依托教研网平台开展全国直播，来自广东、河南、山东、北京、河北、内蒙古、浙江、上海、甘肃、青海等19个省（市、自治区）共10986人次观看了本次活动。

广东省基础教育学科（潮州市小学语文、初中地理）教研基地研修活动圆满落幕

　　为进一步加强省级学科教研基地建设，不断更新基地教师教学理念，提升教学教研能力，推动我市基础教育高质量发展，2023年7月16日至20日，潮州市教育研究与教师发展中心组织开展广东省基础教育学

科（潮州市小学语文、初中地理）教研基地研修培训活动。研修活动聚焦新课程标准下的学科教学，旨在进一步更新理念，落实核心素养导向的学科课堂教学设计、整本书教学设计以及作业设计等。参加本次研修活动的有韩山师范学院教育科学学院副院长孙悦亮教授，市、县（区）小学语文和初中地理教研员、基地助手、19所基地学校负责人、基地学校项目负责人及骨干教师共60余人。

活动邀请广东省教育研究院地理教研员施美彬、深圳市教育科学研究院小学语文教研员白晶、广州市教育研究院小学语文教研员林玉莹、华南师范大学博士廖文、中共潮州市委政策研究室副主任曾庆桦、佛山市顺德区小学语文教研员林雪玲、韩山师范学院地理科学与旅游学院副院长黄俊生、深圳市罗湖区教育科学研究院中学地理研究员刘春明、揭阳市中学地理（兼研学旅行）教研员吴洁芬、汕头市地理教研员陈晓畅等领导专家和学者做专题讲座，从思想的引领、新课程标准的育人理念、学科核心素养的内涵、学科教学研究的案例到信息技术的实用技能等方面，为教师们送上高水平的理论知识和实践大餐，多维度打开教师们的新视野，让教师们开展学科教学教研的方式更加科学、方向更加明确。

　　研修的最后一天，各小组开展分组研讨活动，针对单元整体教学设计思路框架，围绕本次培训内容总结学习心得，大家在合作中思考探究、交流分享、思辨互动。

2023年广东省基础教育学科（潮州市小学语文、初中地理）教研基地培训班
2023.07.16

丰富活动，助力教育共提升

送教帮扶

基地学校展优课，送教下乡促交流

——记广东省初中地理学科教研基地（潮州市）
送教下乡活动

（一）

为发挥广东省初中地理学科教研基地作用，实现优质教育资源共享、城乡教育资源互补，增进城乡教师的相互学习，2021年12月17日，在潮州市教师发展中心的组织下，初中地理学科教研基地学校到饶平县樟溪中学进行送教下乡活动。

樟溪中学位于饶平县中部山区，在校学生342人，目前全校七年级与八年级地理教学工作均由陈金龙老师一人承担，教学任务较为繁重。

来自基地学校饶平二中实验学校的刘晓君老师给樟溪中学的学生们展示了一节优秀的示范课《世界的主要气候类型》，该课设计重视培养学生的学习能力，较好地体现了新课标的要求，学生也积极投入课堂的活动中，课堂学生参与度高。

饶平二中实验学校基地学校主持人张春晓老师分享了近年来的地理教学经验，尤其强调教师团队的团结协作与资源共享。

市教师发展中心地理教研员、省初中地理学科教研基地（潮州市）负责人庄楚金老师对示范课进行了点评，并对教研基地成立至今所开展的重要会议与活动做简要的总结与分享。送教下乡是送课教师的一次成长经验，也是促进城乡教师教学交流的平台。庄老师表示，教研基地的主要目的是促进初中地理教师的专业成长，欢迎各学校积极参与到各项地理教学交流活动中来，促进城乡教师的相互学习、实现优质教育资源共享。

（二）

为发挥广东省初中地理学科教研基地作用，实现优质教育资源共享、城乡教育资源互补，增进城乡教师的相互学习，12月20日，在潮州市教师发展中心的组织下，初中地理学科教研基地学校到湘桥区铁铺中学进行送教下乡活动。

　　来自基地学校金山实验学校的孙玲玲老师给铁铺中学的学生们展示了一节优秀的示范课《世界的主要气候类型》，该课设计新颖，重视培养学生的学习能力，较好地体现了新课标的要求，学生也积极投入到课堂的活动中。张有铭老师讲述有关中考命题培训汇报，为大家指明中考的命题方向。

　　来自基地学校城基中学的邱湘雪老师则从教师与学生角度讲述如何做好中考备考。

　　市教师发展中心地理教研员、省初中地理学科教研基地（潮州市）负责人庄楚金老师对本次活动做了简要的总结与分享。

　　本次活动为农村地区的学生提供了更广阔的学习机会和教育资源。

下篇　聚力基地促发展

潮州市教育研究与教师发展中心开展
初中优课送教下乡活动

　　为发挥省基础教育学科教研基地、省课题组及市学科中心组的引领示范作用，实现优质教育资源共建共享、义务教育优质均衡发展、城乡教育资源互补，增进城乡教师的相互学习，2023年3月底，市教育研究与教师发展中心组织开展优课送教下乡活动。薛思真老师以先进的教学理念，以启发式、情景式和沉浸式的教学方法开展示范授课，既落实立德树人的教学目标又实现了共鸣、共情的高效课堂教学。学生们反应积极，课堂气氛活跃，参与活动的教师纷纷表示受益匪浅。为广大乡村教师更新教育教学观念、优化专业知识结构、转变教学行为、改进教学方式以及促进自身专业发展和成长提供了广阔的空间，促进了城乡教育的均衡发展。

我市省级初中地理学科教研基地参加
"走进粤东西北（茂名）教研帮扶活动"

为落实党中央、国务院和省委省政府关于基础教育高质量发展决策部署，推进县域基础教育优质均衡发展，助力全省基础教育高质量发展，2023年5月30日至6月1日，广东省教育研究院"走进粤东西北（茂名）教研帮扶活动" 初中地理学科专场在茂名市化州市实验中学举行。帮扶团队由广东省教育研究院地理教研员施美彬老师及其所带领的来自深圳、潮州、河源、湛江四个省级初中地理学科教研基地成员组成。我市省基础教育初中地理学科教研基地负责人、初中地理教研员等参加了教研帮扶活动。

5月31日上午，广东省教育研究院"走进粤东西北（茂名）教研帮扶"初中地理学科专场开幕式在化州市实验中学大礼堂顺利举行。施美彬老师启动了活动仪式。他介绍了广东省教育研究院走进粤东西北帮扶活动的目的，提出了帮扶活动的主题——"新课标下初中地理教学评一致性"，期望本次活动能为推动广东省百县千镇万村教育教学的高质量发展注入新动能。

2021年粤东基础教育地理学科群
"名师工作坊"活动

为进一步建设"新师范",贯彻落实《广东省教育厅关于做好全口径全方位融入式帮扶粤东粤西粤北地区基础教育高质量发展工作的通知（2022—2025）》要求,促进粤东三市初中地理学科教学交流,2021年11月16日,粤东基础教育地理学科群"名师工作坊"活动在韩山师范学院附属实验学校举行。

本次活动由韩山师范学院广东省中小学教师发展中心与广东省初中地理学科教研基地（潮州）联合主办,韩山师范学院地理科学与旅游学院、韩山师范学院附属实验学校承办,潮州、汕头、揭阳三市教研室（教师发展中心）组织部分教研员、地理中心组成员、地理学科骨干教师,以及韩山师范学院附属实验学校教师等共70余人参加了活动。

下篇　聚力基地促发展

活动由韩山师范学院地理科学与旅游学院李斌副教授主持。潮州市地理教研员庄楚金老师代表主办方致辞。庄老师指出，创办粤东基础教育学科群旨在为粤东三市教师搭建一个跨区域的教学科研交流平台，通过举办"名师工作坊"等活动，促进区域间地理学科教学的互动协作和教师的专业发展。本次活动首次探索学科群"名师工作坊"与广东省初中地理学科教研基地活动的融合，希望能达到资源整合、增强辐射、提高效果的目的。文剑辉校长代表韩山师范学院附属实验学校全校师生对领导、专家及各位同行的光临表示热烈的欢迎，并为到场的来宾和教师简要介绍了学校的基本情况。

简短的开坊式后，活动正式开始。潮安区雅博学校的陈少欣老师与韩山师范学院附属实验学校的许育洁老师进行同课异构，同台教授粤教版八年级上册《交通运输业》第二课时的内容。

许育洁老师以情景剧导入，引导学生轻松自然地进入地理课堂。许老师以不同的交通运输方式进行分组，通过小组竞赛的形式进行探究与交流，在案例分析、旅游线路设计等教学活动中对不同交通方式的特点进行归纳总结。最后回顾情景剧，让学生运用知识解决问题，真正学到对生活有用的地理知识。

陈少欣老师则采用视频导入，引起学生对现代交通运输网络的关注，通过小组合作探究的形式，提供具体数据让学生对比归纳不同交通运输方式的特点，同时创设生活情境，让学生学会根据不同的要求选择合理的交通方式，培养学生自主探究和解决问题的能力。最后运用知识盲盒检测学生的学习效果，充分调动了学生的学习热情。

同课异构活动结束后，进行了教学沙龙环节。揭阳市教育局地理教研员吴洁芬老师、潮州市教育局地理教研员庄楚金老师、汕头市潮南区教师发展中心教研员陈铭强老师和韩山师范学院地理科学与旅游学院李斌老师分别从不同角度对两节公开课进行了精彩的点评，充分肯定了两位老师课堂教学的优点，也提出了宝贵的建议。与会教师进行了现场交流互动。

下篇　聚力基地促发展

本次活动为粤东三市的"地理人"提供了一个分享经验、交流心得、切磋技艺、互相学习的平台，让与会的老师们受益匪浅，拓宽了老师们的视野，活跃了粤东中学地理课堂教学的研究氛围，也促进了年轻教师的成长。

培训学习

教育路上　学习不止

——广东省潮州市基础教育初中地理学科教研基地线上学习纪实

为推动学科教研基地建设，提升我市初中地理教师专业化水平，2022年4月23日至27日，广东省基础教育初中地理学科教研基地项目

（潮州市）负责人组织各基地学校教师观看第六届教博会卫星会议系列在线活动——自然教育论坛。活动中，各基地学校教师认真学习自然教育相关知识，并在线下积极交流探索自然教育的开展方式，探索自然教育的价值。

1. 湘桥区城西中学教师

让我们印象最深刻的是央视频的编导贺琛做的题为《自然地理类纪录片的视觉化呈现》的报告。其中，编导提到，我们在书本上、多媒体上学习了解到的地理知识，一旦去到实地考察，落到地面，总会让我们感觉到和脑海里原有的认知不一样。这让我们感慨，读万卷书，不如行万里路。这也对我们教育工作者提出了更高的要求，不断去学习，更新认知，利用新媒体，将更加切合实际的地理知识传达给学生，让我们有了一种更高的使命感。所以，我认为，应该给予教师更多的机会和时间去不断丰富自己的学识。本次教博会便是这样的一个很好的平台。

2. 潮安区雅博学校教师

自然教育是培养学生地理核心素养的重要途径。利用自然环境开展教育的相关实践，在自然中体验学习关于自然的知识和经验，对提升地理实践力和综合思维能力有很大的帮助。同时，道法自然，建立与自然

下篇 聚力基地促发展

的联结，尊重生命，有利于树立正确的人地协调观。

3. 湘桥区阳光实验学校教师

地理学科的交叉性、综合性、应用性和广泛性决定了未来时代对地理人才的需求更为强烈，作为地理教师，不仅需要拥有出色的学科教育技能，还必须拥有更具发散性、更具创意感、更有文化内涵、更有生态观念的地理思维去培养具有超越性的潜在性人才。

4. 饶平县第二中学实验学校教师

自然教育是解决如何按照天性培养孩子，如何释放孩子潜在能量，如何在适龄阶段培养孩子的自立、自强、自信、自理等综合素养的均衡发展的完整方案，解决儿童培养过程中的所有个性化问题，培养面向一生的优质生存能力、培养生活的强者。自然教育注重品格、品行、习惯的培养；提倡天性本能的释放；强调真实、孝顺、感恩；注重生活自理习惯和非正式环境下抓取性学习习惯的培养。

饶平县城西实验学校：在接下来的工作和生活中，我将把参加此次活动所获知识，恰当地运用，把自然教育渗透到课堂教学，课后实践活动等，坚持可持续发展理念，积极探索地理科学的社会效益。

下篇　聚力基地促发展

潮安区庵埠镇华侨中学：在该自然教育学习论坛中，我们了解到我国自然教育发展的历程以及所取得的成就，深刻认识自然教育的重要性。在中学地理教育中，可充分利用各种公众科普场所来开展自然教育，使学生有更深刻与生动的认识，从而提高教学的效能。我校地理组在"自然教育论坛"活动中，收获颇丰，对以后开展地理教学活动，具有重要的指导意义。

所谓"路漫漫其修远兮，吾将上下而求索"。一次网络教育论坛有结束的时候，但留给我们的，是一种认真的思考，一种眼界的拓展，一种知识的交流，一种理念的更新，一种职业的激励。

此次线上培训学习，加深了教师们对自然教育的理解，提升了教师们的教育教学水平。

聚焦情境教学　助力能力提升

——记2022年粤东基础教育地理学科群"名师工作坊"线上活动

为进一步践行"新师范"理念，推进创建"国家教师教育创新实验区"工作，加强粤东基础教育地理学科群教师的交流，提升粤东地区中学地理教学教研水平，韩山师范学院广东省中小学教师发展中心联合广东省基础教育（揭阳）高中地理、（潮州）初中地理学科教研基地主办，韩山师范学院地理科学与旅游学院、潮菜学院承办的2022年粤东基础教育地理学科群"名师工作坊"线上活动于2022年12月20日顺利举行！

本次活动聚焦情境教学，围绕在地理课堂教学中如何实施情境教学，如何进行基于情境教学的大单元教学设计，如何开展"一境到底"的专题复习课等问题，通过专家讲座、教研沙龙等环节，发挥引领、示范、交流互动的作用，旨在提升粤东中学地理教学教研水平，落实地理学科核心素养的培养。

聚焦新课标，赋能共成长

——初中地理学科新课程标准培训活动

为深入领会新课程标准的精神实质，推动省级教研基地建设，提高我市初中地理教师教学水平和学科教学质量，2023年3月9日下午，由市教育研究与教师发展中心组织的广东省初中地理学科教研基地主题研修活动——初中地理学科新课程标准培训在湘桥区城西中学隆重举行。

各县（区）初中地理学科教研员、各地理教研基地负责人、市直学校及各县（区）初中地理骨干教师共64人参加活动。

　　培训活动由潮州市教育研究与教师发展中心庄楚金老师主持，汕头市中学教研室陈晓畅教研员做了题为《"以学生为本"落实地理核心素养——解读义务教育地理课程标准（2022年版）新变化》的专题演讲。陈老师从新旧义务教育地理课程标准的对比入手，分析了新课标的新变化；从地理课程目标、地理教学方式、核心素养的培育、搭建空间尺度的主题式内容框架和跨学科主题学习五方面对"以生为本，素养立意"加以解读。通过生动的地理教学案例，对推进以学生为本的地理教学方式进行新的探索，给参会教师提供教学新视角和新思路，大家表示受益匪浅。

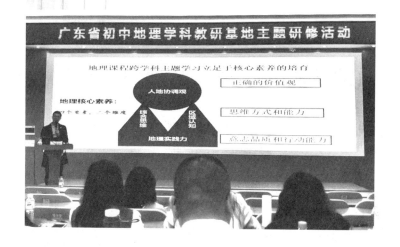

　　市教育研究与教师发展中心初中地理教研员邢广文老师随后做了题为《初中地理跨学科融合主题学习》的主题演讲。邢老师从什么是地理跨学科主题学习、如何实施基于地理核心素养的跨学科主题学习、跨学科主题学习的实施案例、跨学科主题学习的试题设计猜想四个方面对新课标中地理课程内容新增加的跨学科主题学习进行解读，深入浅出的解读得到了与会人员的认可。

不负韶华更思进取，基地研训启思践行

——小学语文、初中地理省级学科教研基地（潮州）举办研修培训活动

　　为加强省级基础教育学科教研基地建设，进一步提升基地学校教师教育教学教研能力，助力基础教育高质量发展，2023年8月8日至11日，潮州市教师发展中心组织9所初中地理基地学校、10所小学语文基地学校全体学员130多人在韩山师范学院潮州师范分院开展为期4天的集中研修培训活动。

　　8月8日上午，培训活动举行开班仪式，韩山师范学院副校长黄景忠、潮州市教育局副局长叶阳等领导出席开班仪式。叶阳就研修培训提出了殷切期望和明确要求，勉励大家一定要抓住这次难得的学习机会，集中精力，静下心来，深入学习，练好内功，为今后教育教学教研工作打下更加坚实的技能基础。

本次研修培训活动精心组织了切合工作实际的课程，主要学习内容涉及教育科研、论文写作、教师成长、教学设计、学科教学、教学评价等方面的专题；特邀了省内外高等院校专家名师、省市教研员等现场讲座、腾讯会议授课。

韩山师范学院副校长、教授，云南大学文学院硕士生导师黄景忠为学员们开设了《中小学课题研究与课题实例分析》讲座，从三个方面深入剖析了课题研究的重要性和具体实施方法。让老师们更明晰了为什么需要开展课题研究，课题研究的基本思路，从案例中分析了撰写课题申报书的具体方法。

韩山师范学院教育科学学院教师、教育研究所所长、华南师范大学教育科学学院兼职硕士生导师李静教授为学员们开设了题为《核心素养背景下中小学教师专业化发展》的讲座。李静从专业与教师专业化、教师专业化发展的理论、教师专业化发展实现的路径三个方面详细地介绍了教师专业化发展的内涵、意义及实现途径。

下篇　聚力基地促发展

　　韩山师范学院文学与新闻传播学院院长，云南大学、深圳大学、广州大学兼职硕士研究生导师周录祥开设了关于《中小学教师教学论文写作与文献检索》的讲座。从教研论文及其意义、如何发现问题写成教研论文以及近年教研工作的转变三个方面为大家深入讲解。

　　福建省闽江师范高等专科学校教育科学研究所研究员何捷老师通过腾讯会议，为学员们带来线上讲座《解读新课程——一线教师可行的视角与路径》和《基于理解的单元统整式教学——一线备课实操解析》，带领老师们从宏观到微观解读新课标，强调在理解、落实"教学评"这一教学模式时要注意的关键点，就"基于理解的单元统整式教学"的模式提出可操作性的策略。

　　江门市教育研究院原地理教研员郭长山老师为学员们开展《基于新课标的考试评价与课堂教学》讲座。郭老师为学员们解读了新课标带来的教育教学改革，介绍了初中学业水平考试命题立意从知识立意到能力立意，再到素养立意的变化，并用学考真题进行分析说明。

　　韩山师范学院地理科学与旅游学院讲师、博士王航老师在《地理信息技术构建趣味中学地理课堂》中，向学员们介绍了RS、GIS、GNSS技术的概念与运作，用实际例子说明了地理信息技术的用途。以八年级《东北地区》等课例，展示了地理信息技术在地理课堂上的运用，向学员们介绍了制图软件的运用。

下篇　聚力基地促发展

在研修培训过程中，采用了"研学训"相结合的培训模式，教学案例现场设计与优秀成果分享相结合，教研员与教师面对面交流，基地学校分工合作开展研究等形式，帮助教师提高教育教学教研水平，助力教师专业成长。

名师引领

讲座引领——推行"教学评一致"新理念

2023年5月31日下午，专家团队做了一场关于"初中地理教学评一致性"的专题报告。

广东省教研院地理教研员施美彬老师高屋建瓴、深入剖析新课标下初中地理教学评一致性的落地要领。施老师为初中地理的教学实施提出了三点建议：一是明确新课标要求，抓好地理课程标准这根指挥棒；二是明确素养考核标准，认真研读和分析中考题目；三是明确热点问题考查，在课堂中践行"教学评一致性"的理念和贯彻落实立德树人的培养目标。

同课异构——践行"教学评一致"新理念

2023年5月30日下午，佛山市南海区狮山镇英才学校冼小杏和化州市实验中学刘亨维两位老师分别就同课异构课题"中国的气候"进行说课。省帮扶专家团队和磨课团队共同为展示课老师出谋献策，打磨精品课堂。他们高度肯定了两位老师教学设计的亮点，也提出了关于课堂教学中落实"教—学—评"的"评"的建议。5月31日上午，化州市实验中学刘亨维老师和佛山市南海区狮山镇英才学校冼小杏老师进行了同课异构课例展示。

下篇　聚力基地促发展

教研沙龙——乐享基地发展新样态

2023年6月1日上午，广东省基础教育初中地理学科（深圳）负责人张静老师和广东省基础教育初中地理学科（潮州）负责人庄楚金老师就基地的建设成果作经验分享。

广东省基础教育初中地理学科（潮州）教研基地负责人庄楚金老师以"向阳而生，追光前行"为主题进行了交流汇报。他从基地建设的框架、具体措施、成效与保障等方面分享了潮州市广东省初中地理教研基地建设的经验。广东省基础教育初中地理学科（深圳）教研基地负责人、深圳市初中地理教研员张静老师对深圳市初中地理学科教研基地的工作成果进行了交流分享。张老师从教育变革的时代背景谈基地建设框架、建设措施及方向。她介绍了基地从"情境化课堂教学""跨学科主题学习""地理实践教学"三方面探索情境化教学资源开发与有效实施的建设措施，并以大单元教学的研究探索为例深入细致地分享基地建设的具体做法。

　　为期三天的广东省教育研究院"走进粤东西北（茂名）教研帮扶"初中地理专场活动圆满结束。经过课例学习、专家引领、共研交流，基地学员深入学习"初中地理教学评一致性"理念及实践路径，对教育变革时代背景下实践减负提质、学科育人有了更深的思考与体悟。征程万里风正劲，重任千钧唯担当。我们将紧跟时代步伐，努力探索，积极实践！

入情入境重设问，入理入心靠逻辑

　　来自潮州市教师发展中心中学地理教研员、广东省基础教育（潮州）初中地理学科教研基地负责人庄楚金老师为我们带来了《入情入境入理入心》专题讲座。

　　首先，庄老师指出：情境教学已成为当今地理教学改革的重要内容。在地理教学中有两个重要概念：地理核心素养以及地理学业质量水平，最终都通过情境来进行衡量。教学与情境的关系可以用三句话进行概括：知识问题化，问题情境化，情境生活化。而情境又可以分为生活情境、地理与生产联系的情境以及地理学术情境。庄老师也一针见血地指出了教学中存在的情境问题：一是虚构真实地理情境。庄老师以一道经典高考题举例了教师在教学中忽略的细节，如自然植被与人工植被的区别。二是情境设置缺乏必要的要素：时间、空间、情节与问题。例如在利用潮州暴雨讲解水循环时，也应有暴雨的时间以及具体的地点。三是情境资源开发程度低，情境单一。讲珠江三角洲农业，只局限于桑基鱼塘。时代在发展，珠江三角洲的农业地域类型也发生了变化，老师们也应该与时俱进，对材料进行挖掘和开发。

所以，创设情境的案例一定要真实、典型、包含一定的地理性，并且把关键重点放在创设情境问题上。那么如何做到入情入境、入理入心呢？庄老师引用了朱熹的《春日》，体会诗的意境。该诗表面说的是泗水滨，实际上是讲孔孟之道。应透过表面看本质，探寻题目真正的内容。接着，楚老师又引用苏东坡的《定风波·莫听穿林打叶声》讲解了如何入情入境、入理入心，并结合相关高考真题等题目演示了解题的思维过程。

创设情境方法：一是关键在问，问在关键。二是逆向推理，正向答题。三是立足区域，紧握时空。每个方法庄老师均引用大量经典真题进行讲解佐证，鞭辟入里。

来自汕头市教师发展中心的陈晓畅老师对本次活动进行了点评。他指出，在目前的地理教学过程中，老师们应该在内驱力的推动下，不断提升自身教育教学能力，并通过最新理论的研究提高学生的地理能力。那么，情境教学就是一个很好的推动。接着，陈老师也肯定了两位老师的讲座展示了具有实质性的案例。最后，陈老师提出要学习课程标准，培养地理核心素养，解决真实情境问题。学习中国的高考评价体系，作为教学和命题过程中的指南。韩山师范学院地理科学与旅游学院的李斌老师肯定了两位老师的讲座，均践行了新高考的精神，拓展和活化了地

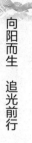

理教学的课堂内容，激发了学生的地理学习兴趣，营造了科学氛围，实行了地理课堂的改革，实现了教学资源共享，推动了粤东基础教育的发展。

一境到底重逻辑，情境教学助备考

　　广东省基础教育（揭阳）高中地理学科教研基地成员揭阳第一中学许裕婉老师以《一境到底的情境式专题复习策略——以工业微专题为例》为题，带来了一场令人回味无穷的讲座。面对学生"学的没考、考的没学"的困惑，如何在高三地理教学中进行更有效的备考，许老师提出要让学生认识自我，并通过"一境到底"专题复习提高地理分数与成绩的稳定性。"一境到底"是指以某个情境为线索，充分挖掘情境内的地理意义，用知识为暗线、问题为主线、情境为明线串起整个专题的知识网络。接着，许老师从一境到底的教学、"一境到底"专题复习策略、教学过程呈现等方面激情开讲。

　　对于如何进行"一境到底"的专题复习，许老师结合自身经验提出了以下策略：深挖课标学情，构建知识网络；锁定依托素材，组合多个情境；巧设多元问题，注重素养渗透；改进教学衔接，补充情境迁移。在深挖课标方面，许老师认为要抓住新课标的变与不变，及时地转变旧的教学观点、教学过程、教学方式，在把握课程标准的前提下了解考情、学情。在学情方面，许老师以工业微专题为例，认为对学情的分析要具体而细致，不仅要清楚学生已掌握知识点，也要把握学生较薄弱的知识点是什么。在素材收集、素材选取、素材处理，许老师都毫无保留地将自己的方法与大家进行分享，特别是通过登录浙江图书馆的网址实现文献获取自由。

地理情境教学是培养地理核心素养、提高地理学科育人价值的重要载体，但在实际的地理教学中，要将情境教学的方法落实是充满阻力的。今天许老师翔实的"一境到底"专题复习策略，呈现了"一境到底"的专题复习如何进行教学过程的设计、如何落实大课程背景下的大单元教学，为我们开展情境教学做了完美的示范，步骤清晰、策略富有针对性，一定程度上解答了目前地理情境教学所遇到的问题，为老师们进行高考专题复习指明了方向。

研学赋能乡村振兴

为深入学习贯彻党的二十大精神，以及习近平总书记系列重要讲话精神，全面推进乡村振兴，2023年11月17日，由广东省初中地理学科教研基地（潮州市）主办，桥东街道办事处、桥东街道乡村振兴帮扶工作队、六亩村委协办的第一届潮州市初中地理教师研学实践交流展示活动在湘桥区阳光实验学校隆重举行，旨在为我市"百千万工程"高质量发展，建设"绿美潮州"，推动乡村振兴助力。

　　乡村振兴，产业发展是关键。我市不断挖掘地方特色资源，首次将中学地理教师研学教育实践与生态文旅有机结合，探索"研学+"发展新模式，通过政府与学校共建，推动"研学教育"与乡村振兴同频共振，走出一条乡村振兴的可持续发展之路。

　　来自潮州市的16所不同学校的优秀青年地理教师走进风景如画的百年古村——六亩村。六亩村拥有丰富的历史文化和民俗文化，近年来，乡村振兴战略与"百千万工程"在这里实践，取得不错的成效。

　　六亩村里拥有众多百年阳桃古树，枝梢悠长曲折，"六亩阳桃"以果大肉厚味美，远近闻名。比赛选手在阳桃林实地调研，组员们分工合作，充分利用时间收集研学资料，制订可行性方案，为乡村振兴出谋划策。

　　参观刘氏祠堂，彰显家国情怀，感叹非遗之美。老师们研究祠堂的建筑、石刻、木雕、嵌瓷等工艺特点，探讨如何进一步挖掘保护潮州特色古村落，以历史文化滋养现代乡村文明。探访六亩合作社，体验"村集体+合作社+农户"成功的种管模式，带动"小、弱、散"的村民发展壮大，增强市场竞争力和抗风险能力，提升当地阳桃产品质量和效益，带动农户增收致富。

　　经过上午忙碌的资料收集整合，下午进入紧张激烈的研学成果展示和答辩环节。本次比赛主题为"生态文明教育视角下初中地理跨学科主题研学"，老师们以小组为单位，分别以汇报、答辩的形式进行比赛。由市教育研究与教师发展中心研究员、初中地理骨干教师、教授专家们组成的评委对选手们的表现进行专业、公平、公正的评判。

下篇　聚力基地促发展

　　各小组研学设计的选题视角和路线设计各具匠心，内容异彩纷呈，有很强的研学教育示范性。参赛老师们普遍都关注到六亩村的生态文明建设，结合潮州乡土文化和学生课堂知识，引导学生分析、归纳当地的自然环境特征，如何利用自然环境发展特色经济，实现老师带动学生，激发学生热爱生活、热爱家乡的热情，进一步培养学生的实践能力、自主探究能力。

成果展示，凸显基地示范引领

我市选手参加第五届广东省中学地理教师命题比赛获得一等奖

　　11月18日至20日，第五届广东省中学地理教师命题比赛暨地理学业质量评价教学研讨活动在佛山顺德区举行。市金山中学李小嘉、王曼、陈洁纯、康楚曼、张冰娜等五位老师代表我市高中组参加了命题比赛。经过激烈的角逐，代表队的老师们凭借优质的试题、精彩的答辩，最终在全省35支代表队中脱颖而出，荣获全省高中组一等奖。由湘桥区城西中学洪少辉、苏静婉，湘桥区阳光实验学校田淑金，湘桥区阳光中英文（国际）学校陈铭莹，韩山师范学院附属实验学校陈思等五位老师组成的初中代表队获得省初中组三等奖。

台上一分钟，台下十年功。参赛团队从组队到参加比赛，历时一个多月。参加人员除了参赛选手外，还有市县（区）地理学科教研员。一个多月来，老师们经历多次现场研讨、线上研讨，大量查阅学术论文、地理杂志等寻找命题素材，积极交流，分工合作，不断地对试题进行打磨。力求做到：试题素材新颖；命题依据充分；设问严谨科学；答案准确全面。数易其稿，最后提交了一份组员们都较为满意的试题，也得到了评委的肯定。

本次活动充分展现了我市青年教师的风采与活力，同时彰显了我市中学地理教师团队在教育科研与学科备考的实力。

我市教师在广东省研学旅行金牌指导师能力大赛中取得佳绩

  2021年12月10日至12日，由广东省教育学会研学旅行教育专业委员会主办的广东省研学旅行金牌指导师能力大赛在佛山市南海区听音湖实验中学举行。我市湘桥区城西中学丁桂君、吴奕玲、苏静婉老师组成的参赛队荣获省初中组一等奖；湘桥区城基中学张洁、邱湘雪、刘淑辉、方佳琳老师组成的参赛队获得省初中组二等奖；市高级实验学校邢广文、陈惠莹、李源、吴琛、张少洁老师组成的参赛队，湘桥区韩山实验初级中学巫晓青、郑燕娟、蔡敏桃和潮安区浮洋镇中心学校吴丽敏老师组成的参赛队获得省初中组三等奖，湘桥区意溪中学刘杰、陈华辉、陈莉莉、洪贤玉、蔡金海老师组成的参赛队获得省高中组三等奖。

下篇　聚力基地促发展

本次大赛面向全省各地级以上市及各区教研员，中小学校长、德育主任、相关学科教师代表，职业教育、高等教育研学旅行负责人，校外研学旅行教育工作者、政策研究和教研领域专家学者。参与面非常广，竞争也比较激烈。主办方在佛山市设置两个研学考察点，即蒙娜丽莎陶瓷企业和紫南村供参赛选手探究。选手们通过实地观察、调查、访谈等方式捕捉信息，自选角度制订研学方案，并在短时间内迅速形成研学课程设计。以展示设计过程、现场答辩的方式进行比赛。

早在比赛前两周，市教师发展中心地理教研员就召集各参赛队伍进行赛前培训，分享优质研学课程设计案例，探讨课程设计方案，使得参赛团队对于课程设置的完整性和亮点的把握有比较清晰的认知。潮州市湘桥区城西中学丁桂君、吴奕玲、苏静婉三位老师凭借对研学点的认真考察，深入思考，对时代精神的正确理解，精准把握研学主题。从项目式设计的高度，精辟阐述研学课程设计的理念和研学实践开展的具体环节和措施。最终以精彩的答辩获得评委的认可，她们的课例《问道北江寻陶艺　船说紫南留乡愁》在10支义务教育组代表队中脱颖而出，荣获全省初中组一等奖。

本次活动充分展现了我市青年教师的风采与活力，对进一步提升我市基础教育学科教研基地教研水平，打造特色课程建设有着积极的意义。

我市代表队参加2023年广东省中学地理研学实践成果交流展示活动中获得佳绩

2023年7月10日至14日，由广东省教育学会中学地理教育专业委员会主办的2023年广东省中学地理研学实践成果交流展示活动在顺德区德胜学校举行。我市华南师范大学附属潮州学校黄芬兰、莫燕文、孙奕娜、罗珮尹和谢昕航老师组成的参赛队以及湘桥区阳光实验学校陈梓烜、刘佳樾、黄语桐和洪子茵同学组成的参赛队分别荣获省高中教师组和省初中学生组一等奖；饶平县第二中学参赛队获得省高中教师组三等奖；市南春中学参赛队获得省高中学生组三等奖。

本次大赛面向全省各地级市中学师生，参与面广，竞争激烈。主办方在顺德区设置三个研学考察点，即智谷公园、新能源科技小镇和大自然家居总部供参赛选手探究。参赛选手围绕主题进行一上午的野外考察、社会调查，利用中午三个小时准备研学资料，学生组和教师组分别撰写研学实践报告和研学实践方案，并制作PPT进行小组汇报和答辩。

早在比赛前一周，市教育研究与教师发展中心地理教研员就召集各参赛队伍进行赛前培训，分享优质研学课程设计案例，探讨课程设计方案，使得参赛团队对于课程设置的完整性有比较清晰的认知。潮安区华南师范大学附属潮州学校五位老师凭借充足的赛前准备以及对研学点的认真考察，深入思考，对时代精神的正确理解，精准把握，其研学主题从项目式设计和跨学科融合的高度，精辟阐述研学课程设计的理念和研学实践开展的具体环节和措施，最终以精彩的展示和答辩获得评委的认可。她们设计的研学方案《低碳赋能生活，智慧引领未来——我们的科技"碳"索之旅》在24支高中教师代表队中脱颖而出，荣获全省高中教师组一等奖。

湘桥区阳光实验学校四名学生在田淑金老师的指导下，凭借扎实的知识功底，充足的赛前准备以及对研学点的考察，对生态文明精神的精准把握，其研学主题从合作式探究和跨学科融合的高度，阐述顺德逢

简村研学的理念和研学实践开展的具体环节和措施，最终以精彩的展示和答辩获得评委的认可。他们设计的研学方案《赏水乡之美，品生态之芳》在34支初中学生代表队中脱颖而出，荣获全省初中学生组一等奖。